月の本棚
under the new moon

清水美穂子

目次

1

2

3

6

7

掬《すく》った水に映したり、夜の向こうに目を凝《こ》らしたり。
月を眺めるように、わたしは本を読んだ。

1

魅力的な図書室

このあいだ、すごい本を読んだ。わたしが言う「すごい本」だから、ビジネスに役立つものでも「よしやるぞ！」と力が入るものでもなく、読んでいる間はすべてを持っていかれて、読み終わると力が抜けて、ぼーっと果てしない気持ちになるようなものだ。遠い旅から帰還したときのような感じで。

遠い旅——

本を読むことは一種の旅をすることであり、冒険なのだと思う。あるいは自分の人生や、いまいる環境を離れて別の人生を生きる体験。

先日読んだそんなすごい本のうちの一冊、グレアム・スウィフトの『マザリング・サンデー』には、冒険小説好きのメイドが出てくる。彼女は考える。

「人は自分から逃げるために、日常の苦労から逃れるために、本を読むのではないか」

それだけではないとしても、そういうことだ。自分から逃れる先がどんなところであっても、いま、自分が生きている時間や環境をいっとき離れてみるのは、旅と同じで悪くないと思う。

マザリング・サンデーとは、メイドが年に一度、里帰りをする日のことだ。この小説ではその一日、彼女に起こった出来事を一冊かけて語っている。その感じはジョン・マグレガーの『奇跡も語る者がいなければ』（本書254ページ）や、ジャック・プレヴェールの「朝の食事」の詩を思い出させた。シンプルな文体がスローモーションでその世界を詳細に表現し、一瞬を永遠に閉じこめてしまう。

時代は一九二〇年代、名家の御曹司と別の屋敷に仕えるメイドの情事、と説明すると、どこか違う気がする。簡単に説明できるような、最初からわかっているような物語はきっとおもしろくない。これが旅ならば、いまわたしがいる二〇二〇年代の東京からはかなり遠く、想像もできない旅になる。ただ、恋愛は普遍的なものかもしれない。時代も場所も階級も立場も関係性も何もかもを取り去って、恋愛の部分だけを抽出したら、こうなるのかもしれない、と思う。

「口を利くことができるのは自分の体だけ。彼女は何一つ改竄したくもなければ、無効化したくもなかった。だから、ことばで表現するという愚を避ける」

光の溢れる寝室にいるふたりは、ほとんど口をきかない。特別な言葉などいらないのだ。それでも彼女はいま起こっていることについて、考える。言葉を拾い上げては、初めて目にするもののようにそれをじっと見つめ、無言のまま放っていく。

最も印象的だったのは、恋人がフィアンセとその家族との食事会に出かけてしまったあと、誰もいない静かな屋敷を、彼女が一糸纏わぬ姿で歩きまわるシーンだ。その神々しさ、無防備さ、開放感。なんだろう。もしも読書が、自分をひととき逃れることだとすれば、このときの彼女は、メイドという立場からも恋人という立場からもすでに逃れて、自分の好きな冒険小説を地で行っている。やがて図書室に入った彼女は冒険小説を探しあて、手にとり、そっと胸に押しあててから、本棚に戻す。これはまるで檸檬爆弾だ。檸檬を爆弾に見立てて本に載せ、書店を去る梶井基次郎の小説みたいだ。

ネタバレはつまらないので、物語の筋を書くのを避けるが、やがて作家となった彼女は語る。「人生にはどうしても説明のつかないことが多くある」。

簡単には説明できない、けれどすっかり持っていかれる。気がつくと、窓の外に月が昇っている。しばらくぼんやりしてしまう。そんな小説だ。


『マザリング・サンデー』グレアム・スウィフト著　真野泰訳（新潮社二〇一八）

＊

『マザリング・サンデー』の余韻が消えないうちに読み始めたのが、もう一冊のすごい本、エリック・マコーマックの『雲』だった。説明のつかない不思議なことが、不思議というより奇怪なことがたくさん起こる長編小説だった。次に何が起こるかわからない。どこに連れて行かれるかわからない。それが読書の楽しみの真髄かもしれない。そして魅力的な図書室が、この本にも出てきたのだった。それでわたしは、まったく違う二冊を並べて紹介することをよしとした。

「そこは訪問者をほとんど歓迎しているように、訪問者たちに穏やかに息を吹きかける巨大な優しい動物のように思えた」

大学の図書館の、年代物の本棚に囲まれた自習室がこんなふうであったことは、そして、その表現にひととき、目をとめられたことは、この本を読んでよかった理由のひとつとなった。かつて、炭鉱の町の貧しい長屋に両親と暮らしていた主人公は、この図書館で過ごすのが好きな大学生だった。家では学校で習ったことについて、夜ごと父親と話をして過ごした。

「父と話すのは時に、古い靴箱を開けて中に宝石を見つけるようなものだった」

そんな表現もすごく素敵だと思ったのだ。温かい愛情に満ちあふれている。大好きな柴田元幸訳だし。ところがその素敵な文章で綴られているのは、ホラーなのだった。それとも幻想小説とかゴシック小説、ミステリというのだろうか。

『雲』は哀しさと可笑しみと恐怖、そして冒険に次ぐ冒険の物語だ。同行する体力がいる。きまじめな主人公の、家族や仕事の喪失、失恋をきっかけに始まる半生が、スコットランド、アフリカ、南米、南洋、カナダと移動しながら描かれる。日常からトリップする読書としては、怖くてもいいのだ。ジャングルの奥地など、なかなかスリリングなのだ。が、それが少し度を越している。想像力の豊か過ぎる人、小説を脳内でリアルに映像化できる人は要注意。ホラー映画やお化け屋敷で、静けさのあとで突然やってくる恐怖と戦慄、「この奇妙なものはなんだろう?」と、見なければいいのに見つめてしまって、そこに何かとてもありえないような恐ろしいものを発見してしまったときの痺れるようなショック。あれが何度も襲いかかってくる。

でも、最後まで読んでしまうと、成長していく主人公とともに長い旅をしたような満足感が残った。終わりかたも悪くない。

たとえ正確に知ることが不可能なのだとしても、世界の秘密を知りたいと思う。きっとわたしも、冒険小説が好きなのだ。

『雲』エリック・マコーマック著　柴田元幸訳（東京創元社 二〇一九）

見えないものに導かれる感覚

「裏庭にある木とあなたは共通の祖先を持っている。十五億年前、あなた方は袂《たもと》を分かった。しかし、別々の方向へはるばる旅してきた今でも、木とあなたは遺伝子の四分の一を共有している……」

The Overstoryと金色の文字でうたれた美しい背表紙に惹かれて、手にとった。『オーバーストーリー』は、先頃読んだディーリア・オーエンズの『ザリガニの鳴くところ』(本書242ページ)と、原生林の生態系とか自然保護とかいった観点がシンクロしていた。そういうものを読もうと思ったわけではないし、なにげなく手にとったのに、このような偶然が起きることがある。でも、ページを繰るうちに、それは偶然ではないという思いにとられ始める。わたしは何か、目に見えないものに導かれて、この本を読み始めたのかもしれない。

何か目に見えないものに導かれる感覚――。この六六八ページにも及ぶ長編小説はわたしに、子供の頃に観たスティーヴン・スピルバーグ監督の映画『未知との遭遇』（アメリカ一九七七）を思い出させた。ディズニーのアニメーション以外で、生まれて初めて映画館で観た映画だったので、強く印象に残っている。世界中いたるところで、宇宙からの啓示のようなものを受けとった特別な人々が、それが何であるかわからないまま、魅入られるようにして宇宙船の飛来を予知し、導かれてその場所を目指す、あの映画。『オーバーストーリー』でその対象は、地球外から飛来する未知の宇宙人ではなく、太古の昔から地球上に存在する木ではあったけれども。

『オーバーストーリー』は、壮大な群像劇だ。木の意志に導かれるようにしてつながる人々がその登場人物となっている。正しく言うと「木の意志のようなもの」に導かれているのではないか、とわたしが結論を出した人々。それぞれの親の世代、あるいはもっと前の世代から語られる物語は、ときにタイムラプス（スピード感のあるコマ落とし動画）を観ているような感じで、早回しに描かれる。たくさんの人が出てくる群像劇では、名前を覚えるのが大変なことがあるが、『オーバーストーリー』ではさほど難しくなかった。一人ひとりが生き生きと描かれていて、興味深かった。

十九世紀の昔、庭に植えた栗の木を、以来四世代にわたって定点撮影しつづけた一家の末裔で、やがてはバンクシーみたいなアーティストになるニコラス。

オフィスの外に聳え立ち、心の拠りどころとなっていた木が切られてしまったことから、森林保護運動に加わるようになった、中国系アメリカ人のミミ。

心理学者の卵、アダム。心理学的な例えで、集団が大きければ大きいほど、人は火事（問題点）に声をあげにくくなるという。なぜなら誰かが解決してくれると思うから。見ないふりをするか、見物する方が楽だから。アダムはその火事で「火を消せ」と立ち上がる少数派の人々の心理を調査している。この物語では、環境保護団体がその少数派となっている。

結婚記念日ごとに庭に木を植える約束をした弁護士のレイとその妻ドロシー。やがて冷えきってしまう結婚生活は、その木々によって修復されていく。

ベトナム戦争で追撃され、墜落したとき、木に引っかかって命を救われたことから、木を植える仕事に就く空軍帰還兵ダグラス。

子供のときに木から落ちて半身不随になるが、プログラミングの才能を開花させ、ゲーム業界で大成功を収めるインド系アメリカ人のニーレイ。

木々の持つコミュニケーション能力を実証する科学者、パトリシア。世界中をフィールドワークして歩いたり、森林レンジャーとして働いたりもする。やがて複数の大学と交渉して、世界苗床生殖質貯蔵室を設立する。

感電で臨死体験をしてから精霊の声が聞こえるようになり、生まれ変わったように森林保護運動を始めるオリヴィア。

以上の主要な九人は、誰もが愚かで愛すべき人間たちだ。彼らが互いに関わりを持ったり持たなかったり、愛したり愛されたりしながら進んでいく物語は、フィクションではあるけれど、いわゆるSFではないと思うし、オカルトでもない。木はただの木だし、人間はただの人間だ。それが地球規模のスケールと視点で描かれる。「タイムラプス」という言葉がよく出てくるのはそのせいかもしれない。植物の成長や開花、そして枯れていく様子や、日が昇り、沈むまでの空を雲がどんどん流れていく様子を早回しする映像があるが、あれがタイムラプスだ。iPhoneの撮映機能にもある。それにより、短時間でわたしたちはその流れを俯瞰できる。

物語の核をなす環境保護運動は、やがて物騒な戦いになり、過激さを増してエコテロリズムと呼ばれるものへと変貌するが、それは環境破壊の歯止めにはまったくならず、森林は伐採されつづける。理由は、今日よりちょっといい明日のため。経済の成長のためだ。科学者は樹木の立場から考える。「明日の世界のために人ができる唯一最善のことは何か?」と。でもそれは難しい問いだ。「世界」が資本主義のこの世界のことならば、善とはどんな善なのか。

主役級の味わい深いキャラクターを持った人たちのなかでもとくにおもしろかったのは、唯一、環境保護とは関係なさそうだったニーレイのたどった道のりだ。

子供の頃、ニーレイは父親と一緒にプラモデルでも組み立てるようにコンピュータを組み立て、遊びながらその世界に夢中になっていった。そこではマイノリティであることは関係ない。人種差別がなく、半身不随でも活躍できる。少年が中年になる頃には、昔なら六週間を費やした作業が、指をちょっと動かす一瞬の間にできるような時代になっている。大人になった彼がリリースした「支配（マスタリー）」というゲームは世界的にヒットして、彼はビジネスで大成功を収める。それは新しく創られた「地球」の土地を開拓し、建物や町を造り、望むものを何でも手に入れていくゲームで、同時に他人が手に入れたものや、つくったものを破壊したり奪ったりすることもできる。けれど彼はやがて、そんな現実世界の似非バージョンよりも、もっとずっとおもしろいゲームを思いつくのだ。

「二億平方マイルの面積に百の生物群系《バイオーム》、九百万種の生物がいるのが面白いか？　それとも、二次元の画面上で色のついた画素《ピクセル》がいくつか点滅しているのが面白い？」

物語の終盤で彼は、ありとあらゆるものを自律的に学習する「超知能（ラーナー）」を創り出す。その人工知能は地球の隅々を探索し、すべてを計測し、データを照合し、発表されているすべての科学論文に目を通し、いままでレンズを向けられたことのあるすべての画像や動画を読み取る。

「そして一枚の草の葉がどうやって星の動きを覚えているのかを理解する。短い季節をいくつか経る間に、数十億ページ分のデータを単に比較することによって、次の新しい種《しゅ》が、人間の言語と植物の言語を互いに翻訳することを学習する。初めは子供が適当に言い当てているような大雑把な翻訳。しかし間もなく、最初の文《センテンス》が現れ始め、あらゆる生物と同様に雨と空気と砂利と光でできた単語があふれ出てくる。**こんにちは。やっとだ。はい。いますよ。ここに私たちが**」

「超知能（ラーナー）」によって翻訳され示されたもの。それは植物の、木々の言葉なのだ。そんな人工知能が、この物語の終わりに置かれた希望の光なのかもしれない。

自分がいる場所から見えるいつもの木が、自分のものではないにしても、日々の暮らしの一部として存在していた木が、切り倒されてしまったとき、知り合いの誰かが死んでしまったような悲しみに襲われることはないだろうか。森林を歩いたり、木陰で休んだり、大きな木の幹に手をまわして抱きしめると、気持ちが落ち着くというようなことはないだろうか。木とそんな関係を築いたことがある人なら、きっとわかると思う。

本を閉じてもまだ、物語のなかにいる感じがする。

木々の言葉を、聞いてみたいと思う。

『オーバーストーリー』リチャード・パワーズ著　木原善彦訳（新潮社 二〇一九）

月を眺めるように読む

すべての生命は地球上で完結しているのではなく、地球を含む宇宙の営みからも影響を受け、調和しながら生きている。そんな考えかたに基づくビオディナミについて知ったのは、いつのことだっただろう。満月の日に収穫するブドウでつくられたワインを飲みながら、月の満ち欠けや星の運行に深く関わる農法のことを知った。『アップルと月の光とテイラーの選択』を読み終わったとき、なんとなくそのことを思い出した。

わたしは、月を眺めるように本を読む。物語の果てしなさに陶然となったり、いまここに居ない人たちのことを想ったり、これまで流れてきて、これからも流れていく膨大な時間のことを考える。

「夜空を見上げていると、自分がいまこの場所にいることは最初から計画されていた運命みたいなもので、いずれ空に還《かえ》ることになっているにちがいないなんて思えてくる。（中略）自分はここにいるが、それだけじゃない。同時に他の空間にも存在しているように感じるんだ。自分の意識のコピーもその空間にあるようにね」

この本のなかで最も好きなのは、主人公テイラーの隣に住むピーター・ゴールドバーグ博士が宇宙の謎について話すシーンだ。以前はがん専門医だったが、終末医療や未来の仕事に行き詰まりを感じていた彼は、この不思議な感覚を説明する理論を見つけるべく勉強をしなおして、いまは量子力学と宇宙物理学を研究している。

人は死んだらどうなるのか。それは致死率百パーセントの人間の誰もが一度は考えることだ。自分を自分たらしめているこの「わたし」という意識は、細胞でも遺伝子でもない。それは微細な素粒子の集まりで、肉体がなくなったら宇宙に拡散する、というのが博士の仮説だ。それがテイラーの冒険のベースにある。父の事故死によってもたらされる家族の悲劇、さらにテイラー自身も生死の境を彷徨ったことから、この物語は幕を開ける。

テイラーは若くして第二の人生を生きている。ほんとうは第二のではなくて、数えきれないほどの転生の先を生きている。博士も自らが言う通り、そこに存在したのと同時に、別の場所にも存在していた。読み進めるうちにわからなくなる。いや、わかってくる。引きこまれる、引力がある。

死の淵から生還した彼女を待っていたのは、大統領にふさわしくない人物が権力を手に入れ、よくない方向に向かっていく世界だ。TVスター出身の大統領（その名もジャック・キング！）は不動産王で、外国人を諸悪の根源と見なしていた。テイラーはその世界を変えようと、母親や親友と力を合わせ、貧しい国に教育施設をつくる活動を始める。


「後悔しても現在は変わらない。何も変わらないのだから、後悔するだけ時間の無駄だ。そう思わんかね？　そういうことに気づいてから、わたしは死ぬのが怖くなくなった。死はだれにも避けられないのだから、心配したって意味がない。今日やれることをやるしかない」

博士の言葉は科学を超えて魅力的だ。マイノリティや人種の差別問題のほか、原子力発電、核実験やテロ、戦争、遺伝子、ＡＩの未来、欲深い人間が繰り広げるこの世のありとあらゆる問題が、博士の言葉やテイラーの冒険に投影されていく。まるで別の時空から眺めるような感覚で。眺めているのはテイラー自身と、読者のわたしの意識だ。

テイラーが冒険の幕間に語る、百三十七億年前の宇宙の始まりから近未来の地球の終わりまでの壮大な物語には圧倒された。

海で誕生した「わたし」、サバンナを駆けた「わたし」、エジプトの農夫だった「わたし」、中国の皇帝に仕えた「わたし」、アメリカ先住民だった「わたし」……。どこまで連れていかれるのだろうと思った。

時間の流れも空間の広がりも超えて進行する物語の終盤、テイラーは会いたかった父親と再会し、秘密と真実を知る。彼女が再び目覚めるラストシーンは、静かな月の光に照らされている。読後の世界はやさしさに包まれていた。そんな読書体験だった。

「きみは月の光を見るたびに、懐かしさでいっぱいになる。それは、きみが心の底ではわたしの言葉を覚えているということなんだよ」

分子生物学者の福岡伸一は「『ゲーデル、エッシャー、バッハ』の再来か」と本の帯に書いている。著者は英語を母語とする当時十六歳の中濵ひびき。宇宙規模の想像力を持つ若き語り手だ。現代社会が抱える問題をどれだけ意識しながら生きているのだろう。

今日、自分にできることは何か。世界は見えない力と愛で満ちている。わたしたちは、目覚めるだけでいいのだ。

『アップルと月の光とテイラーの選択』　中濵ひびき著　竹内要江訳（小学館 二〇一九）

＊

暮れ方にいつのまにか、ぽっかりと浮かんでいる温かな橙色の月が好きだ。凍てつく冬の夜に皓々と光を放つ月も好きだ。古の人のように水面に映る月を愛でる機会はそうそうないけれど、ガラスのテーブルに映る月を眺める夜はある。

月の光は彫刻、日の光は絵画、とホーソーンは言っている。昼間と違い、目に映るものの無彩色で立体的な陰影に心がしんと静かになる。だから満月の夜は室内を暗くする。

朝、東の空に残像のように儚く浮かぶ白い月も好きだ。誰かと歩いていたら、「見て」と会話を中断してしまうだろう。それはたいてい、満月に近い頃のまるい月だ。

新月は目に見えない。暗闇のなかでそこにあるはずの月を想い、やがて少しずつ姿を現し満ちてゆく月齢を想う。

月に関するさまざまな話を、毎日のようにポッドキャストで発信するタケトリ・オキナなる人物が登場する小説『月の立つ林で』は、見えない月、新月に何度かスポットをあてている。それはまじめに働く人たちの物語だった。まじめ過ぎてつまずき、先の見えない暗闇で行き詰まる。

仕事をつづけられなくなって辞めた看護師は、実家で無為に過ごしていたある日、見えない新月を形にしたという指輪をネットで見つけて、注文する。その行為をきっかけに自分のそれまでをリセットし、新しい仕事探しの一歩を踏み出す。

売れない芸人は、宅配便の配達員として生活費を稼ぎながら、自分の芸が世に認められる夢を捨てきれず、新月に願いをかける。友達はいつまでも夢を持ちつづける彼をまぶしく感じるし、彼は知らないが、その芸をいいと思っている人もいる。そしてこれも彼は知らないままだが、宅配のていねいな仕事ぶりに感謝している人もいる。

娘が妊娠して、さっさと結婚して遠くへ行ってしまったことに戸惑う、バイク整備士の父親は、娘を新月に喩える。自分が頑張って買ったマンションに、仕事から帰っても娘はいないし、そこにただいまと帰ってくることもない。娘は、姿が見えないけれど遠くには居ることがわかっている存在だ。寂しくて、最初は娘の夫を受け入れられない。けれど娘も娘の夫も、精一杯のやさしい気遣いを自分にかけてくれていたことに、やがて気がつく。その途端に変化が訪れる。

多忙な母親と二人暮らしの女子高生は、ウーバーイーツのアルバイトを始めたことをきっかけに、それまで存在を意識したことのなかった同級生の男の子とあらためて知り合う。似たような境遇にいたことから、ふたりは急速に親しくなる。

ネットショップで作品を売り、アクセサリー作家としての仕事が波に乗ってきた主婦は、創作活動を夫や夫の母親に邪魔されない環境を望み、自分だけのシェルターのような仕事場を手に入れる。けれど小さな事故に遭ったとき、リレーのようにして助けてくれたのは、身近であるがゆえに見失っていた大切な家族だったし、緊急に助けを求める人のために待機する救急医療電話相談窓口の女性だった。それは奢りのない、尊い仕事だった。


そんな五つの物語は、それぞれどこかでつながっている。登場する人たちの共通点は、タケトリ・オキナという男性のポッドキャストの番組を聴いていること。彼は月について語り、それを聴く人は日常のほんのひととき、月に心を遊ばせている。

誰もが働いている。人の役に立ちたいと思って生きている。自分の仕事や行為が誰かの役に立つことを切望している。仕事が評価されたり、感謝されたりしたら幸せに違いない。けれどもちろん現実は、思い描く通りにはなかなかならない。それを家族や友人や隣人や誰かのせいにしてしまうか、してしまいたくなくて離れていくか、不器用に傷つけ合うかして、後悔している。そんな人たち。

でも、誰もが知らないうちに誰かに助けられている。それに気がついたとき、感謝の気持ちが満ちてきて、まったくスマートでなかったそれまでのイガイガとした感情は、溶けてなくなっていく。なんだか嫌な感じだなと思っていた人が、そうではなく思えてくる。心の狭かった当人も、やさしくなっている。頑なになっていた心が融解する鍵は、タケトリ・オキナの話にあるのかもしれない。そういう瞬間に感情移入して、読んでいて何度か泣きそうになった。

一方で人は、知らないうちに誰かを助けてもいて、知らないところで感謝されていたりもする。やさしさは循環し、すべてがつながっていることを、わたしたちは知る。

最後にタケトリ・オキナの秘密が明かされると、彼の幸せを祈らずにはいられなくなる。


『月の立つ林で』青山美智子著（ポプラ社 二〇二二）

ルールとゲーム。お伽噺の娯楽

誕生日なので本を二冊買う。それも初めて読む作家の小説上下巻だ。なんて贅沢なんだろう。いつもはまず、味見でもするように図書館で借りて読み、自分の本棚に置いていつでも読めるようにしたいと思ったら買うことにしている。わたしの本棚は小さなスペースなので、そうしないとすぐにあふれてしまうのだ。でも誕生日には衝動買いを自分に許す。

駅前の書店のいつもの文芸の本棚は、おもしろい本が置いてあることが多いので間違いないけれど、そんなときですらパラパラとページを繰って言葉の並びを目の端にとらえ慎重になっている。ベストセラーだからといって好みに合うとは限らない。自分の感覚をたよりにする。読めばこの世界からたちまち連れ去られてしまうような本を求めている。

アディ・ラルーにはそのようにして出会った。ベストセラーだからといって買うことはないと書いたが、帯に「〈ニューヨーク・タイムズ〉ベストセラーリスト四十四週連続ランクイン」とあった。そのせいで、なんとなく地下鉄の風景が思い浮かんだ。東京の地下鉄ではスマートフォンをいじっている人ばかり目につくが、ニューヨークの地下鉄ではスマホではなく本を、しかも分厚いハードカバーの本を読んでいる人も少なくない。きっとそんなふうにして多くの人に読まれている本なのだ。どんな本なのか知りたくなった。読んでいる間はずっとニューヨークが意識のそばにあった。なぜなら、物語の舞台の半分がニューヨークだったから。

それはお伽噺だった。三百年前のフランスの小さな村で、望まない相手との結婚から逃れ、自由に生きたかったアディは、古《いにしえ》の神々に必死になって祈り、魂と引き換えに自由を得た。それは自分の人生が嫌になるまで、何ものにも縛られないという無期限の自由だった。どういうことかといえば、以来三百年、アディは若き日の姿のまま、言葉通り自由に、誰にも干渉されずに生きつづけているのだった。ただそこには、あとからわかった呪いのような条件があった。それは自分以外の誰の記憶にも残らないということ。人と知り合っても、ドアを閉めれば次に開けたときには、すっかり忘れられている。人との関係性はその場限り。目の前にいるとき限りなのだった。

素敵な出会いがあっても一旦眠れば忘れられてしまうので、文字通り一夜限りの恋でしかない。一方でアディはすべてを記憶している。好きになった人と継続してつきあっていくことはできないけれど、何度でも新しく知り合うことができるため、回をかさねることでこちらは少しずつ相手を知っていくことができる。ただし、どんなに親しくなった気がしても、視界から離れれば相手は自分のことを忘れてしまい、再び最初から「初めまして」となるのだ。写真にも正常に写らないため、残らない。書いた文字は消えていく。何かを行ったしるしはすべて、あとかたもなく消えてしまう。それだから仕事をすることも、家族を持つことも、家を持つことはもちろん、借りることもできない。

では、どうやって生きていくのか。それがこの物語だ。世のなかの誰にも知られないその人生が、昔のパリや現代のニューヨークを舞台として語られる。語学でも芸術でも、勉強する時間は無限にあって、どこに忍び込もうと、何を盗もうと、誰の記憶にも残らない、そんなアディの奇妙な人生。

家族や友人のいない孤独な人生のなかで唯一、アディを知っている存在が「闇」、のちに便宜的に「リュック」という人名で呼ばれるようになった古の神だ。姿かたちはアディが昔、夢想していた男性像を模している。若い女性が夢に描いた姿だからか、リュックが登場するシーンはどこか少女漫画的である。彼は悪魔のような存在だけれど、何百年も孤独な霊のように生きているアディにとっては、特別。自分を自分として継続して認識してくれる相手は、人間であるかどうかや愛憎を超えて、必要な存在なのだ。

想像の斜め上をいく人生なので、なかなか共感できないのだけれど、ひとつだけ、あ、そうかもしれないと思ったのは、彼女がその運命を耐え抜くのに、芸術を必要としたということだ。

「彼女に必要なのは物語だ。
物語は自分自身を残す方法だ。憶えられるように。そして忘れるように。

物語にはさまざまな形がある。木炭のスケッチでも、歌でも、絵でも、詩でも、映画でも、本でも。

本は、千もの人生を生きるための、あるいはとても長い人生のなかで強さを見いだすための道具だとアディは気づいた」

アディがニューヨークの古書店で本を「借りる」シーンが好きだ。こっそり盗み、返却するのが幽霊のような彼女のいつもの流儀だが、ある日、例外的にひとりだけ、アディを継続して憶えていることができる人物が登場する。古書店で働くヘンリーだ。その謎はやがて明かされるが、それはここには書かないでおく。アディとヘンリーは惹かれ合う。

「『わたしはペンを握れない。物語を語れない。武器を振るったり、誰かに記憶させたりできない。でも芸術なら』彼女はさっきより穏やかな笑みを浮かべる。『芸術は考えよ。そして考えは記憶よりもしぶとい。雑草みたいに、かならず伸びていく方法を見つける』」

アディはさまざまなアーティストのミューズとなって、彼らの手を借りて、さまざまな時代の音楽や絵画などの作品に自分の存在のしるしを残してきた。イタリアで、フランスで、そしてアメリカで。アーティストはアディを忘れたあと、夢で天啓を得たのだと思いこんで、作品を残す。ヘンリーはアディの物語を聞き書きする。それがやがて一冊の本になる。

誕生日ウイークはそうして過ぎていった。久しぶりに娯楽小説の世界に溺れた。それは、とても楽しい時間だった。

『アディ・ラルーの誰も知らない人生（上下巻）』V・E・シュワブ著　高里ひろ訳（早川書房二〇二二）

パンデミックの時代に

ニューヨークがとても好きだった。九〇年代半ばまで、二、三年に一度は休みを取って、または仕事にかこつけて、ニューヨークに行った。雑誌のニューヨーク特集はすべて買ってスクラップブックをアップデートしていたし、青山の嶋田洋書や渋谷のタワーレコードでガイドブックを買っては、試験勉強みたいに読みこんでいた。洋書のガイドブックは写真がなく、辞書のようなシンプルな挿画がたまにあるだけで、書いてあることは簡潔で地図もしっかりとしていて、とてもよかった。インターネット以前の時代の話だ。わたしはそのとき、何に憧れていたのか。東京で生まれ育ったので、都会にではなかった。ファッションでも舞台でも買物や食でもなかった。人々の醸すエネルギーと、そこに暮らしているような感覚、だったかもしれない。ずっと気になる場所だけれど、二十年ほど離れていて、ようやくまた訪れてみると、たくさんのことが変わっていた。もちろんわたしも変わって、以前ほどの情熱は失われていた。それでも小説や映画のなかにはまだ、憧れのニューヨークが存在していて、わたしは日々それを追い求める。

「ロマンティックで、うすら汚れていて、高級化がそれほど進んでいなくて、希望にあふれた街」。ブルックリンの恋人の部屋の壁に映し出されたウディ・アレンの映画を観て、ガーシュウィンの音楽を聴いていたキャンディスは、そこに現実ではなく幻想のニューヨークを感じた。キャンディスは中国系アメリカ人。小説『断絶』の主人公だ。彼女は考える。「ほとんどの人が行ったこともないのに共通の想像のなかで暮らしたことのある街があるとすれば、それはニューヨークだけだろう」と。かたや恋人は、そのニューヨークに幻滅しており、この街を離れたいと別れを切り出す。

キャンディスはマンハッタンにある出版製作会社の聖書部門で、印刷や製本を中国などに発注する仕事をしている。それは生活のための仕事だ。聖書は中身が変わらずパッケージだけが入れ替わって毎年出版される。毎日は同じようなことの繰り返しだ。そうして得たお金で家賃を払い、平凡だけれどまあまあな毎日を送っている。友達を呼んでホームパーティをしたり、運河に映る月が美しかったら撮影をしたり、「資生堂のフェイシャルスキンケアクリームと、ブルーボトルコーヒーと、ユニクロのカシミヤセーターを買う」ことができるくらいの生活。じゅうぶん素敵じゃない？　なんといってもあのニューヨークなんだし、と読んでいるわたしは思う。でも恋人のジョナサンは、資本主義経済の現実を直視して、未来への幻滅を滔々と語る。それでもニューヨークの街があるじゃない、とは、だんだん思えなくなってくる。

「その未来とは、さらに加速度的に高騰する家賃だ。未来とは、グローバル富裕層のエリートたちの作ったペーパーカンパニーに買収されていくさらなる高級マンション、さらなる高級住宅だ。未来とは、さらなるホールフーズの店舗、プラスチック容器に入った冷凍フルーツが並ぶ食品コーナーだ。（中略）未来が求めているのは、さらなる消費者だけだ。未来とは、さらなる新卒採用と、本物らしさを虚しく求める観光客たちだ」

いまはフリーランスで細々と小説を書いているジョナサンは、かつて編集アシスタントとして会社勤めをしていた。八〇年代に創刊した伝説の雑誌の編集部で、巨大メディア企業に買収された頃のことだった。ベテラン編集者たちはリストラされ、大幅に予算が削減され、給料は低く、誌面のクオリティが落ちていた。ある日ジョナサンは席を立って二度と会社に戻らなかった。よくある話だ。よくある筋書きならそのつづきは、時代を味方につけ、需要のあるものを見つけ、隙間を埋めるように始めた仕事がヒットするというサクセスストーリーかもしれない。でも現実はそうはならない。

ニューヨークと仕事の話が自分の興味の在りどころすぎて、書くのがあとまわしになってしまったけれど、これはいわゆるパンデミック小説だった。中国の深圳《シェンチェン》から始まった感染症「シェン熱」でたくさんの人が亡くなり、世界は滅亡の危機にある。キャンディスをはじめ生き残った人々が新天地を目指す物語と、その直前の仕事や恋愛事情、移民としての家族の物語が交錯しながらエンディングに向かう、そんな小説だ。

シェン熱の症状はゾンビを思わせる。ただし凶暴性はない。が、無意識のまま普段よく行っていた動作を死ぬまで延々と繰り返す。体が汚れたり、一部が欠損したりしていても、繰り返す。ホラー映画のようだ。感染しないようにするために、マスク着用の義務がある。消毒をする人々がいる。リモートワークや仕事の遅延がある。ひっそりと静まり返ったオフィス街。閉鎖した店舗。実家に帰る人々。二〇二〇年から二年以上もつづいているリアルなパンデミックのただなかでこの本を読みながら、そのリアルさに身震いする。そして、この小説が二〇一八年に発表されていることに驚く。

キャンディスはパンデミック以前に両親を亡くしていて、恋人とも別れるので、世界滅亡の危機に瀕しても行き場はなく、オフィスに住みこむことになる。まじめなところは移民の父親似だ。「仕事というのはそれ自体が褒美だ。仕事はそれ自体が慰めでもある」と言う父親の言葉が心にしみる。何もなくなってしまったとしても、自分がすべき仕事があれば、ゾンビにならずに生きていけるのかもしれない。もちろん、会社の仕事は停止状態だ。誰とも連絡が取れなくなる。街にも誰もいなくなる。オフィスで最後に彼女がしていたことは、写真ブログ「NYゴースト」を更新することだった。

「NYゴースト」は学生時代に写真を学んでいたキャンディスが、ニューヨークに来たばかりの頃に始めたブログで、よそ者の視点からニューヨークの魅力を切り取るつもりが、結局はありふれた写真ばかりになり、更新されていなかった。奇しくも情報機関が閉鎖していくなか、そのブログだけが情報発信を最後までつづけることとなった。

「馬がタイムズ・スクエアを走っているのに誰も見ていなかったら、それはほんとうに起こったことになる？　ニューヨークが壊れていっているのに誰も記録していなかったら、それはほんとうに起きていることになる？」

そしてとうとうニューヨークを離れ、まだ動いていたイエローキャブを自分で運転して、サバイバルの旅に出る日がやってくる。そんなだから途中で読み終えられない。読みつづけてしまう。わたしがシェン熱に感染したらきっと、ずっと本を読んでいるだろう。

断絶、というタイトルが気になっていた。親子、親戚、恋人、友人、上司、同僚、取引先の人々、旅を共にする仲間。すべての人間関係において断絶があった。人間関係だけではない。見慣れた街、いつもの仕事、ライフライン。そうした環境においても、断絶があった。いままで延々とつづいてきた日常が、ある日気がついたときには途絶えていた。世界が自分の生きている間に滅びないなんて保証はどこにもなかった。パンデミックより二年も前に、それはこんなふうに予測できたんだ、と思った。

『断絶』リン・マー著　藤井光訳（白水社　二〇二一）

*

「戦時中よりはましよ」という言葉を、実際に体験した人から聞かなくなって久しい。二〇一九年の年末からじわじわときて、世のなかをすっかり変えてしまった新型コロナウイルス感染症の世界的な大流行を、戦争と比べることなどできないけれど、それを並列させて見せてくれた人がいた。小説のかたちで横に並んだそれは、縦にもつながっていた。

『そのひと皿にめぐりあうとき』をなんの前情報もなく読み始めたところ、おもしろ過ぎて一気読みした。

終戦まもない一九四六年、家と家族を亡くし、浮浪者となった滋と、二〇一九年の大晦日に高校の友達と渋谷をぶらつく駿。異なる時代を異なる環境で生きる十六、七歳の男の子の物語が、最初は接点もなく並行する。

戦禍を生きる滋の物語は、幸せも不幸も駿のそれとは比べものにならないほど振れ幅が大きく、混乱や争いごとであれ、飢餓であれ、クオリティーオブライフであれ、選択肢がなく、常に死と隣り合わせのシリアスなものだ。一方の駿は私学に通う高校生。いい大学に入り一流企業に就職すれば、経済的に豊かになって社会的な地位を得て、幸せな人生を送れるはず……という前時代的な常識のなかで、何も考えずに生きている。飽食の時代、とくにお腹はすかないし、食べものに感動することもない。死を意識することがないぶん、生の実感も少ない。ところが、パンデミックにより事態は一変する。まず、父親の勤めるホテル・リゾートの会社が倒産する。駿はコロナには罹患するし、スクールカーストの下の方で一種のいじめを受け、休学することになるし、し、ガールフレンドにはふられるし、家庭が崩壊して母親は実家に帰ってしまうし、父親はずっと家にいてお酒ばかり飲むようになるし、アルバイトの面接には落ちてしまう。国も親も何も頼りになるものがない。そんなふうになったとき、駿の日々は滋のそれと少しだけ、近づいたかもしれない。

上野のあたりの闇市で、戦車の部品になる予定だった鉄板を使って、滋が掘建小屋で焼きそば店を始めたところまで読んだとき、わたしはその話を聞いたことがある気がした。それは浅草のパン屋さんの、いまはなき先代に聞いた話だった。東京大空襲のあと、浅草から海が見えたのだそうだ。パンは統制品だったので、配給の小麦粉を預かり、加工賃をもらっていた。窯がないので、墓石職人に石窯を作ってもらったという。そんなことを思い出したのだった。空襲で何もなくなってしまった焼け跡から、商売を始めた人たちのこと。わたしは夏になると、自分の記憶ではない記憶を思い出す。隅田川べりを歩くと想像する。道路やビルは焼け跡の上にできたのだ。その時代を生き抜いた人たちの子孫として、わたしたちのいまがあるのだ。いろんな禍《わざわい》があるけれど、コロナ禍なんて、戦禍に比べればたいしたことじゃない。

話がそれたけれども、戦禍のなかでの滋の活躍、義理と人情の物語はものすごくドラマチックで、ある意味漫画みたいで、読むのを中断することが難しかった。滋の味方になる大人たちの一人、もと少尉で剣の達人の瓜生は、まるで映画『グラン・トリノ』（アメリカ二〇〇八）のクリント・イーストウッドだった。もと鬼軍曹の男娼、玉岡のキャラクターも魅力的だった。並行して、メジャーではないコンビニエンスストアでアルバイトを始めた駿の現在からも目が離せなかった。

最後の数ページで、本のタイトルの意味を理解した。さらに最後の最後で、滋と駿の物語がつながった。それはネタバレになってしまうから書かないけれど、やるなーと思った。滋の言葉に。滋を描いた著者の筆力に。

「自分が生きてることに感謝して、いまできることを精いっぱいやりゃあいい」

それは言い古されてきた言葉かもしれないけれど、こんなに腑に落ち、リアルに勇気づけられることはなかったと思うのだ。

『そのひと皿にめぐりあうとき』福澤徹三著（光文社 二〇二一）

＊

パンデミックのただなかで、ステイとかホームとか、犬になったみたいに言われつづけている日々で、どこにも行けないけれど、どこにでも行ける、とわたしは強がることができる。いまごろになって親に感謝したいたくさんのことのなかでも上位に位置するのは、本という世界のなかで、ひとりの時間を豊かに過ごせるように育ててもらったことだ。

先日、仕事で取材した料理人は、お客さんに向けてＳＮＳで料理ライブをすることで、共通言語で話せるようになると言っていた。読書を通じた共通言語もある。それが話せなくても生きていかれるかもしれないが、話せると楽しい。この広い本の世界で、同じようにひとときを過ごしていた誰かと出会うことの、その楽しさといったら。

2

過去に属している場所

子供の頃、むくむくと湧き起こる積乱雲を目の前に、「いまのわたしの気持ちはあの雲みたい」と母に言い、母が父にそれを伝えて、ふたりでわたしの後ろを歩きながら笑っていた夏があった。泳ぐのを楽しみにしていた、家族旅行の一日。幸せそのものみたいだったそのときのことを、たまに思い出す。そしてもうどんなことに対しても、あんなふうに勢いよく湧き起こる雲のような気持ちになることはないのかもしれない、と思う。人生はよく四季に喩えられる。それでいうと、わたしがいま居るところは秋か冬なのだ。きらめいているものは、確かにきらめいて見えるのだけれど、そこに未来よりも過去を見ているような気がする。

本には読む時期というのがあって、W・G・ゼーバルトの小説は、明度も照度も（小説にそういうものがあるとして）、わたしにとっては、いまがちょうどいい時期のようだ。眩しいほど新しいものよりも、時を経て、朽ちかけて衰えていくものに美を見る寂《さび》の感覚。それとも全体に漂う寂寥感。それはくたびれた心にやさしい。

最初に『土星の環——イギリス行脚』を読んだ。イギリスの南東部を徒歩で旅する「私」が携えているのは二十世紀初頭に刊行された旅行書。目の前に立ち現れてくるのは廃墟と、その屋敷が華やかなりし時代の幻想と、「私」の思索だ。言葉が尋常でないほど美しく、密度があって、贅沢な読書になる。

「冬の陽を見れば、いかに早く光が灰のなかに失せ、いかに早く夜がわれわれを包むかがわかる。一時間、また一時間と時は積もっていく。時そのものが歳をとる」

それから『アウステルリッツ』を読んだ。絶版になっていて、図書館で何度も借りては読んでいた。やがて復刻版が出て、ようやく手元にやってきた。これでいつでも、心おきなく読むことができる。

『アウステルリッツ』は語られる小説だ。アウステルリッツが語り、「私」がそれを書き留める。彼の語りのなかに、別の誰かの語りが入れ子の状態になっていることもある。時折、ピンのあまい、ぼんやりとしたモノクロの写真が差し挟まれるほかは、端正な文字列が並んでいて、語りは滔々とつづいていく。引きこまれていると、ふっと途切れ、いままでそこに再生されていた泡沫《うたかた》の美しいものは消え、我に返ることになる。小説のなかでは「私」が我に返る。そんなとき例えばホテルのバーで、バーテンダーが片付けを終えて、あとは灯りを消して戸締りをするだけといった状態で静かに待っていたりする。うたた寝から目覚めたときに、自分がいまいる場所や時刻が一瞬わからない、それと似た感覚が、この小説のなかではさざ波のように繰り返される。それが心地よくて、最初はたゆたうような感じで読んでいた。三回目くらいでようやく全体の筋道を理解しようと思い、把握した。把握しなくてもいいのだ。ただ、その世界にいる時間が好きだった。そんな読みかたもあっていい。

アウステルリッツは建築史家で、古い建造物を訪ねては記録している。幼い頃プラハで、ホロコーストを逃れるために両親と生き別れ、ウェールズの牧師館の陰気な養父母のもとで育てられた。故郷と家族と言語と名前をいっぺんに失い、新しいそれぞれがあてがわれ、順応しなければならなかった。そんな過去の違和感や喪失感から、彼は父母や自分自身が人生のある時点で通過したと思われる古い場所を訪れ、史実に触れ、記録したり調査したりしている。収容所に送られて、もう二度と会えないであろう父母の軌跡をたどり、想像し、夢を見るように幻視し、思い描く。それはごく小さな手がかりから自分の失われた歴史を継ぎはぎして再現するような、気の遠くなるような作業だ。

「こうした感情が起こるのは、きまって、現在というよりは過去に属している場所にたたずんだときでした。たとえば街を彷徨っているうち、何十年間少しの変化もないひっそりした裏庭などをのぞきこむと、忘れ去られた事物のもつ重力場の中で時間がとてつもなく緩やかに流れていることが、ほとんど肌身で感じられるのです。すると、私たちの生のあらゆる瞬間がただひとつの空間に凝集しているかのような感覚をおぼえる。まるで、未来の出来事もすでにそこに存在していて、私たちが到着するのを待っているかのようなのです、ちょうど私たちが、受け取った招待に従って定まった日時に定まった家を訪れるのと同じように。それに、とアウステルリッツは続けた、私たちは過去に向かっても、つまりすでに過ぎ去りあらかた消え去ったものに対しても、約束をすることがあるのだとは考えられないでしょうか？　そしていわば時を超えて、自分たちと何らかの繋がりをもつ場所や人々を訪れなければならないのだとは？」

「とアウステルリッツは語った、」と読点でつないだ文章が、ほとんど途切れることなく、よどみなくつづいていく。現実と非現実が入り混じり、幻想的な情景が現れては消え、そのことに対して彼、アウステルリッツの仮説や考察が入る。いくらでも聞いていられると思うのはなぜだろう。彼に幾度となく会い、彼の言葉を書き留める「私」のように、彼の語りに魅了されている。

アウステルリッツの語りのなかで、彩りがあるとしたらそれは、幼少時のわずかな思い出か心許せる友との思い出で、あとは深い水の底のように静かで仄暗い。でも、優雅で誠実で、博識な人が語る言葉は、どんなに暗くても読んでいて息がつまることはない。

寄宿学校時代、学期末の休暇に、実家に招待してくれた友人とその伯父と一緒に、月のない晩、蛾を見にいくシーンがある。伯父は言う。

「蛾は灯火を反射してほんの一瞬かがやいて消えるだけなのに、そのきらめきが、いつまでも見えるように錯覚してしまうのだよ。私たちの胸を深く揺さぶるのは、あるいは少なくともそんな心地にさせるのは、こういう、現実には存在していない現象なのだ」

アウステルリッツが、生まれた家でいまの自分より若い年齢の両親に会ったという夢の話がある。会ったといっても、自分には解せない言語で静かに会話する両親に気づかれないまま、傍観しているだけ。彼らがじきに去ってしまうことは予感しているという、哀しい夢だ。

「過去が戻り来るときの法則が私たちにわかっているとは思いません、とアウステルリッツは続けた。けれども、私は、だんだんこう思うようになったのです、時間などというものはない、あるのはただざまざまなより高い立体幾何学にもとづいてたがいに入れ子になった空間だけだ、そして生者と死者とは、そのときどきの思いのありようにしたがって、そこを出たり入ったりできるのだ、と。そして考えれば考えるほど、いまだ生の側にいる私たちは、死者の眼にとっては非現実的な、光と大気の加減によってたまさか見えるのみの存在なのではないか、という気がしてくるのです。物心ついてからというもの、私はいつも現実世界に自分の居場所がないかのような、自分がじつは存在していないかのような気がしていました、とアウステルリッツは語った」

こちら側とあちら側の視点の反転するこの感じは、とても寂しい。あの世からこちらを見たら、もう何も隠されることなくよく見えるのではないか、と普通なら思うはずだから。存在理由の欠落した部分は、何によっても埋めることは叶わないのかもしれない。でもアウステルリッツはこの小説のなかに確かに存在して、語りつづける。失われてしまった時間が、大切な人々が、言葉による再生を繰り返す。わたしはそこに何度でも立ち返る。その世界が好きだと思う。

『土星の環――イギリス行脚』W・G・ゼーバルト著　鈴木仁子訳（白水社 二〇〇七）
『アウステルリッツ』W・G・ゼーバルト著　鈴木仁子訳（白水社 二〇二〇）

パティ・スミスの本棚

「やがて月が上り天窓から見えることはわかっていたが、待ちきれなかった。私はなぐさめられる暗闇を思い出した、ホテルの部屋に夜番のメイドが入ってきて、ベッドを整え、ドレープを閉ざしてくれるときのような。私は眠りの波に身をゆだね、謎めいたチョコレートの箱から、ささげものを一段ずつ味見する」

あちこちに詩が置かれている。死も置かれている。『Mトレイン』はパティ・スミスの回顧録《メモワール》。読んだとき、パンクロックのシンガーで、パフォーマーで、詩人だというパティ・スミスを知らなかった。生まれるのが少し遅かったからかもしれない。

回顧録でいまはなき人や場所の思い出が語られたとき、それが本当に再現されていることがわかるのは、その現場にいた人だ。一緒に懐かしめるのは、同時代を生きた人だ。わたしはそこにいなかったのに、なんとなくその空気がわかるというのは、いったいどういうことなのだろう。

グリニッジヴィレッジのカフェに長いこと居すわり、コーヒーを飲み、たまに外を眺めながらノートに何か書く。そういうことをしたことがあった。パティが注文するのはわたしの知っている、とろけるような白豆のスープや、全粒粉のブラウンブレッドや、いつまでも飲んでいられるコーヒーや、グレイズのかかったドーナツかもしれないと思った。わたしがグリニッジヴィレッジのカフェにすわったのは、パティがそこにいたときから二十年ほどもあとだったけれど。

いつもの店でいつものおいしいコーヒーを淹れてくれる人が、独立してビーチカフェを開くことを知ったパティは、自分もかつてカフェを営む計画をしたことがあったのを思い出す。それはフランスの詩人の名をつけたカフェで、板の床にペルシャ絨毯、木製のテーブルがあり、音楽とメニューはない。パンを焼くオーブンがあって、コーヒーとオリーブオイルとフレッシュミントとブラウンブレッドがある。現実には手付け金まで払ったけれど、恋人のもとへ行くため、その夢は放棄した。そんな回想をしながらパティはカフェのいつもの席にすわっている。

「私はザックの比類ないコーヒーをまえにすわっている。頭上ではファンが回転し、風見鶏がしめす四つの方向をなぞっている。強い風、冷たい雨、あるいはこれからやってくる雨。兆しはじめたお天気の荒れの連続体が、私の存在の全体を、微妙なかたちで浸す。自分でも気づかないまま、私は軽い、でもぐずぐずとつづく不調の時期に入ってゆく。それは抑鬱ではなく、メランコリアの魅惑とでもいったもので、それを私は片手で握りもてあそんでいる。それはまるで小さな惑星、影を帯び、ありえないほど青い惑星みたいだ」

人は過去に通り抜けてきたものごとで構成されている。パティは母のコーヒーポット、父の椅子と本などを引き金に思い起こしたり、夢で見たものに対しての既視感が気になって、どこで見たものだったか、自分の本棚を探したり、過去のものを取り上げては、一つひとつ埃をはらって見つめ直す。彼女のその作業が、わたしの日常にも思いあたる行為だった。それは、自分が何でできているかを知る作業かもしれなかった。そんなことがこの本には、長い詩のように書かれているのだ。

過去を思い起こす作業は、長く生きれば生きるほど増えていく。過去を振り返ってばかりはいけないといわれるけれど、日ごとに増えていく過去からそっと背中を押されたり、なぐさめられたり、勇気をもらったりもする。懐かしさにとらわれることは、進めなくなることではなく、進むための小休止なのだと思う。

パティを知らないだけでなく、ここに出てくるモハメッド・ムラベのビーチカフェも、ウィリアム・バロウズの喋りかたも、ウィリアム・ブレイクの蚤の幽霊も、わたしは知らなかった。それはわたしには、キーワードとはならなかった、けれど、ゼーバルトの『アウステルリッツ』（本書60ページ）が出てきたのには驚いた。好きな本だったからだ。パティがいつものカフェでノートを眺めていたとき、白い服の少年の写真が頭に浮かんだ。そのイメージがどこから来たのかに思いを巡らし、たどり着いたのが、自分の本棚だった。

「答えは私の祝福された本棚の、いずれかの本の中にある。コートを着たまま、私は自分の本の山を再訪する。脇道に逸れないように、異次元に誘いこまれないように」

そこで、ほかの魅力的な本の誘惑に負けず、「ごめんね、と私は本たちに声をかける。いま読み返すことはできないの、今は集中しなくてはならないことがあるから」と目当ての本を捜している、そんな彼女にすっかり親しみを感じ始めている。ふと思い浮かんだイメージをきっかけに本棚を捜索するのは、わたしには日常茶飯事だ。パティの本棚にあった本のどれもわたしは知らない。あとで調べてみなくちゃと思う。パティ・スミスの本棚。気になる人の本棚は、気になるものである。彼女はそこでゼーバルトの『自然の後』を手にして、自分の見た幻影が同じ著者による『アウステルリッツ』のモノクロの写真であったことを思い出す。『自然の後』と訳されているが、邦訳版は出ていないと思う。これを読むことはできるだろうか。

パティがゼーバルトの本に書きこんだ「あなたの心にあるものを私は知らないかもしれ

ない、でもあなたの心がどんなふうに動いているかはわかる」という走り書きをおもしろいと思う。それをそのまま、わたしはパティ・スミスに対して感じているから。答えがわかったあとで、パティはその本を本棚に戻す。「世界へのたくさんの扉のひとつとして、無くさないように」。世界へのたくさんの扉！　本は世界につながる扉だ。パティ・スミスの本棚は、パティ・スミスの世界につながっている。わたしはそれを知りたいと思う。

「巨大な満月がその乳のような光を天窓から縄梯子のように落とし、それは私の中国製の敷物とキルトの縁にかかった。すべてがしずかだった。私はベッドから6フィートと離れていない本棚に並べた物に白い光を投げかけている充電式ランタンの助けを借りて本を読んだ。雨が天窓を激しく打っている。十月の終わりの不安が、満月近い月と、海にまつわるこれまでの数々の嵐の記憶によって、増幅させられているのを感じた」

この『月の本棚 under the new moon』がほぼ書き上がって、あともう少し紹介しようと思って『Mトレイン』を打ち合わせに持っていくと、編集者が驚いた顔をして言った。

今日、ちょうどこの本を持ってこようと思っていたところでした、と。それで、書こうと思った。わたしはパティ・スミスを知らなかったけれど、かまわなかった。この本が好きだった。

「あなたがこれを読むときには、さらに多くの時が経っていることだろう。新しい新月。新しい満月」

『Mトレイン』パティ・スミス著　管啓次郎訳（河出書房新社　二〇二〇）

読書の連鎖

隣町の小さな図書館で、ひそかに自分の場所、と思っている本棚があって、もう二十年以上通っている。そこでたくさんの素晴らしい小説を見つけた。レアード・ハントの『優しい鬼』もそうだった。レアード・ハントという作家は初めてで、それから『インディアナ、インディアナ』『ネバーホーム』とつづけて三冊読んだ。言葉がとびぬけて美しかったから。それは翻訳者の柴田元幸の言葉のセンスによるところもあるかもしれない。一九六八年生まれの作家だけれど、この三冊の舞台は十九世紀頃のアメリカだった。『優しい鬼』は南北戦争前後。そこには黒人の奴隷が出てくる。そういう時代だ。

「むかしわたしは鬼たちの住む場所にくらしていた。わたしも鬼のひとりだった」と語り始めるのは、スーと名乗る老女。鬼たちの住むその場所は、「楽園《パラダイス》」と言われることもあったし、「ジゴク」と言われることもあった。その昔、スーがジニーだった頃、たった十四歳で本やリネンの入ったトランクを一つ持って、後妻としてライナス・ランカスターのもとへ嫁いだ日はまだ、楽園のような描写もあった。

「窓辺に立って風のかけらを齧《かじ》るのは気持ちがよかった。それはじっくり噛んで、よくかんがえてから飲みこむべき風だった」

そのすぐあとからこの雰囲気は百八十度暗転する。夫のライナスは、幼い妻のジニーや使用人に対して独裁者だった。暴力や虐待が凄まじく、なぜここまでの怒りを、そして悲惨な結婚生活を、と理解するのが難しい。そこは無法の牢獄だった。「楽園」というのは、ライナスの頭のなかにあった夢のことだと理解した。鬼は最初、ライナスのことだと思っていた。ライナスのことでしかないと。でもそうではなかった。吸血鬼やゾンビに噛まれた人が同類になってしまうように、ジニーも、少し年下の奴隷の少女二人も、鬼のようになってしまうのだった。
そのため、半世紀後にスーと名乗るようになったジニーの語りは内省的だ。それが表出するかどうかは別として、人は誰でも心のなかに鬼を棲まわせている。誰も好きこのんで鬼になるわけではない。ひどい扱いを受けたり、いじめられたりした人が、別のタイミングで、逆転の立場をとるようになることがあるのだ。

「置きざりにしてきたとおもったすべてのものが、明日と呼べるんじゃないかといまだにおもっていたもののまんなかにテントを張って『こっちだぞぉ』とわめく、そんな日がいつか来る。
それで、わたしもここにいる」

スー（ジニー）は内省する。ずっとあとになって本当に自分のことを想ってくれるやさしい人に出会ったときも、その人とともに歩く幸せな人生を自分に許さない。考えてはみるけれど、そうはならない。

スーの語りには夢のような不思議な話もあって、そこではあの世に行ってしまった人たちも登場する。殺された奴隷のアルコフィブラスが、霧の出た月夜の川の渡し守として現れるシーンは、哀しく美しい夢のようだ。生前、彼は物語を話して聞かせるのが得意だった。彼の話にもスーの話にも、そして後半で語られる奴隷のジニアやそのほかの人たちの語りでも、わかりやすい起承転結があるわけではなく、それらを継ぎ合わせて出来上がる世界が、この小説の世界だ。それを理解するために何度か読むうちに不思議なのは、確かに読んだはずなのに、初めて目にするような、新しく語られているように感じる場所が出てくるということだ。字面は柔らかく簡単なのに、その深さが果てしない。それを詩と感じる人もいるかもしれない。

「眠りのなかを掘り進んでいくさなか、家の壁にすきまが出来て月の光が忍び込んできた気がした。その夜、月は出ていなかったし月が忍び込めるようなすきまもなかったのだけれど」

これは序章に置かれた、井戸を掘る男の話だ。家に一冊も本がなく、後妻が嫁いで来るときに、トランクに入れて大事に持ってきた本を、すべて火にくべて燃やしてしまうような鬼の、鬼になる前の語りだ。

訳者あとがきで、レアード・ハントがゼーバルトの影響を受けていると知った。ナチス兵士の息子だったゼーバルトがホロコーストをめぐる作品を書いたように、白人男性作家として、白人ばかりでなく黒人奴隷を語り手に起用したという。そして、古い記憶を像に結んだような、ピンホールカメラの写真も、ゼーバルトの影響らしい。それでわたしはゼーバルトの『土星の環――イギリス行脚』や『アウステルリッツ』(本書60ページ)なども読み始めることになるのだが、その前にレアード・ハントを読んだのだった。同じあとがきで、柴田元幸が「ポール・オースターも絶賛した『インディアナ、インディアナ』は僕がいままでに訳したもっとも美しい小説のひとつ」と書いていたのを、すぐに読みたくなったことは言うまでもない。

『優しい鬼』レアード・ハント著　柴田元幸訳（朝日新聞出版 二〇一五）

＊

『インディアナ、インディアナ』にもまた、音楽のような言葉が流れていた。わたしが図書館で本を借りるのをやめられないと思うのは、こういうときだ。連鎖して読める。十五年も前に出版された本が、ほとんどすぐに手元にやってきて、無料で読むことができる。気に入らなかったらすぐ返し、手元に置いておきたいほど気に入ったら買えばいい。

『インディアナ、インディアナ』は装幀がデニス・ホッパーみたいな雰囲気の絵で好きだった。日本の塩田雅紀という人の絵で、ポール・オースターの本の表紙も手がけている。好きな感覚はつながっている。そういう本は好きな場所で読まなければいけない。わたしは犬と小川のほとりまで歩いていって、大きな木の下のベンチにすわって、この本を開いた。

本扉の内側のもうひとつの扉には、タイトルの隣に（夜の暗く美しい部分）という副題があった。目次はそれぞれいくつかの言葉の連なりが、その章を表す要約になっていて、そこにある言葉はシュールな絵画の題名のようだ。実際には「目次」とは記載されていないし、ノンブルもふられていないのだけれど。

気になったパーツをちょっと抜き書きしてみる。

「ヴァージルと盗品の映写機」
「バスに乗って人工の丘へ行く」
「時を抹殺すること」
「オーパルの手紙、腹話術師」
「ノアがカウボーイの写真を探す、蛾の死骸」
「古い納屋の消滅、マックスが遺棄されたテープレコーダーを発見、ヒューズ箱」
「鋸音楽師、戦争、および生みの親、フィンガー・レディ、空気が自らを切り分ける」
「中国語で書いた星の地図」

まるで、奇妙な絵画をひとつずつ鑑賞するような感じがした。それとも、屋根裏で何十年も埃をかぶった箱の包みを一枚一枚はがしていくような感じか。これはきっと、そんなふうに読む小説なのだ。

主人公のノアは、不思議な力を持っている。普通の人々と同じように暮らしていく力は少ない。ノアの愛しい人、オーパルにいたっては、それが著しく少なかったので病院に入っていた。ノアは幻視をする。する、と言っていいのかわからない。幻覚がおこる。見えてしまう。あるときには鹿皮を着た、片手に鹿の角を持ち、もう片手に晶洞石を持った老人を見た。あとで考えると身震いするようなものが見えたときは、それを「空気中の不思議な濁り」と呼んだ。

時計が見えたときには、畑で曾祖母の時計を掘り起こした。「先住民とのしょうもない戦い」で家族を亡くした曽祖母は、時間を抹殺したいという思いから、斧で時計を叩き壊したのだった。ノアはいまでは歳をとっていて、古い家で回想と幻影とともに暮らしている。立ち現れるのは、生活必需品を届けてくれるマックスという男をのぞいて、いまはもういない人々ばかりだ。ノアがテーブルの上の欠けた鉢に、日本製の水中花を落とすところからこの物語は始まる。それ、昔見たことがある、と思った。そのとき、わたしの記憶のなかで、古い木の床が軋んだ。黴くさい匂いがした。曇ったガラスから外の光がぼんやり透けて、埃が舞っていた。いま、自分はどこにいるのだろう。時空を超えて、夢のなかのことのように読んだ。

『インディアナ、インディアナ』レアード・ハント著　柴田元幸訳（朝日新聞社 二〇〇六）

＊

レアード・ハントの三つの小説を比べることに意味はないだろう。惹かれるままに読んでいったのは、言葉が美しかったからだ。残酷なシーンも少なくないのに、淡々と生きる主人公を表す言葉に惹かれた。原書でどうなっているのかは読んでいないからわからないけれど、日本語ではひらがなやカタカナを多用しているのが印象的で、ニューヨークのフオークアートミュージアムにある、ナイーブアートのようなところがある。子どもの書いたもののようでありながら、心にひたひたと迫ってくる。そして暗い寓話のように語られる。それが心の深いところに落ちていく。三冊のうちでもっとも話の筋道をつかみやすかったこともあるけれど、いちばん心を打たれたのが『ネバーホーム』だった。何なんだこれは、と思った。

昔あるところに、コンスタンスという強くてたくましい女がいて、か弱いけれど誰よりもダンスの上手な男、バーソロミューにプロポーズされた。

「あのひとは言った。『この青い靴の青さと同じくらい誠《まこと》にきみを愛する者はほかにいないだろうよ』。こう言ったときわたしに見せようと、ほんとうに靴をかたっぽもちあげたのだ。まあいちおう青だった。いちおうミドリでもあった。両足に鳥をつけてるみたいだった。そうしてあのひとはわたしのためにおどってくれた」

なんだか喜劇のようだ。短い結婚生活のあとで、コンスタンスは自らをアッシュと名乗り、男装して南北戦争の北軍の兵士となって戦いに行った。ふたりは手紙のやりとりをするなかで、お守りとして銀版写真を送り合う。バーソロミューは戦地に赴く若者と勘違いされたのか、不本意にも武器を握らされて写っていた。

「わたしはこの、マスケット銃をまるで熱く焼けた熊手かクマの足みたいににぎっているる、ぜんぜん兵士なんかじゃないわたしの兵士の写真が好きだった。ずいぶん長いことながめてから、下着のなかにぬいこんだ」

というコンスタンスは、当初は恥ずかしくて自分の写真は送らなかったけれど、戦がつづいて今後どうなるかわからなくなっていくなかで、意を決して撮影し、バーソロミューに送る。すると、次のような展開になる。

「やわらかい子ヒツジの革でキレイないれものをぬったけれどまだあんまりしっかり見

ていない、いままであたためてきたきみのいとしい思い出が追いはらわれてしまうのがこわいから、と書いてきた。

『じゃあわたしが戦死してから見ればいい』とわたしは返事した。せっかくバーソロミューに見てもらおうとまる一日かけて撮らせたのに見てくれないなんてムッとしたから。

『もしきみが戦死したらいれもののなかに永久にぬいこんで、ぼくの心臓といっしょに庭にうめる』とあのひとは書いてきた。

『じゃあひとまず』とわたしは書いた。『ちらっとひと目、まっすぐ背をのばして立つようてってい的にたたきこまれたことだけでも見てよ』」


ショートメールのように軽妙な、この手紙のやりとりもまた、喜劇だ。一緒に暮らしているときのふたりは、その季節で最初に見つけた花を相手の目に触れるところ、朝食の皿の脇などに置いておく、というゲームのようなことを習慣にしていた。バーソロミューはそういうことが得意で、手紙を書くのも上手な夫なのだった。

「コトバを五つ書いただけで、よく知っている世界がいっぺんに息づく。手紙を読むだけで秋のはじまりの香りがかげて秋のはじまりの音がきこえた。あるとき封筒のなかにあざやかに赤いカージナルのハネがはいっていて、これが『井戸のふちでひらひら』してるところを見つけたよ、ぼくがつかまえなかったら永久に井戸におちてしまってはるか世界のむこうにいるきみにむけて飛ばすこともできなかったよと書いてあった」

そしてこの物語は最後まで喜劇だった、と思う。ただ、コメディアンが悲しい目にあうと、その悲しみの大きさは普通の人の何倍にも見えるように、それは悲しい喜劇だった。

銃の名手で、力持ちで、大佐にも一目置かれたけれど、心はやさしい男装兵士の彼女についたあだ名は「伊達男アッシュ」。アッシュというのがトネリコの木を意味すると知った最後のところで、ズシンとくるものがあった。そのことはこの物語の秘密なので、ここには書かない。

「土を食べると、フシギな夢を見る。うちへ帰る夢、鋤《すき》を入れたばかりのうちの畑をズボンだかスカートだかで走ろうとするのに走れない夢。やっとうちへ帰ってきたのに表玄関の掛けがねをはずそうとしてもぴくりともうごかない夢」

帰ればいいのに。そもそもなぜ戦争に行ったのか。それをずっと考えていた。トネリコの木のことを知っても、最後まで読んでも、答えが出なかった。いつかわかるのかもしれない。わからないのかもしれない。いままで読んだことのない感じの小説だった。

『ネバーホーム』 レアード・ハント著 柴田元幸訳(朝日新聞出版 二〇一七)

遊歩者の小説

頭のなかにニューヨークの風景がある。少し古びている。一九九六年にわたしは三週間ほどかけて、一人でマンハッタンを歩いた。六度目のニューヨークで、いまのようにスマートフォンを持っていなくても平気だった。ルートもスピードも思うままで、あとにも先にもあんなに自由だったことはない。誰かと話をすることはできたし、帰国すれば家族がいたのだから、まったく孤独ではなかった。一人であることを愉しんだ。移民で、一人暮らしだったら、状況は異なっていただろうか。

『オープン・シティ』は、黄昏どきのマンハッタンを散歩することを習慣にしているナイジェリア出身の精神科医、ジュリアスのモノローグだ。あてもなく街路をそぞろ歩き、人やものを観察し、思索する。そういう人のことを遊歩者（フラヌール）というらしい。9・11以降の話だけれど、読みながらわたしがたどっていたのは、一九九六年の街のイメージだった。出会った人、見たもの、いろいろな事象を誰かと一緒にではなく、自分ひとりで感じ、そのことについて考え、自問したり自答したりしながら歩いていたからだろう。ジュリアスの遊歩は、日々の疲れを癒すセラピーであるとともに、静かに孤独を深める行為でもあった。

「地上で私は、それぞれの孤独のうちに暮らす数えきれない他者と生きている。一方、地下鉄の車内では見知らぬ人間と密着しながら居場所と息をする空間を求め、人を押しやり、人に押しやられている。そこでは誰もが、気づいていないトラウマを再現し、孤独を深めているのだ」

ニューヨークシティマラソンの日、ジュリアスは、完走を祝ってくれる家族も友人もなく、ひとりでとぼとぼと帰路につくラテン系の男を見かけて気の毒に思い、声をかけて労う。そのあとで、彼に劣らず孤独なのは自分だと気がつくのだ。ジュリアスが出会うのは、いつも孤独な人たちだ。孤独な者同士の会話が、わたしは好きだと思う。

この本を読むことは、ジュリアスの思索の広がりや深さ、ものの見かたについていくような経験だ。

彼が9・11で倒壊したワールドトレードセンターの跡地を通ったあとで感じるのは、「あの場所で最初に消滅したのはツインタワーではない」ということだ。ツインタワーが建設される前にあったストリートや建物やシリア人のキリスト教信者コミュニティは消え、さらにもっと昔、先住民のデラウェア族が歩いた道が瓦礫の下に埋まっているかもしれない、というところにまで連れていかれる。

わたしは『オープン・シティ』をペーパーバックの原書でしばらく読んでから、翻訳版をかさねて読み、再び原書に戻るということを繰り返した。そのほうがよりリアルにニューヨークを感じられるような気がした。どこにでも持っていき、隙間を見つけて読んだ。

寄り道をし、ひと休みし、再開する。散歩する小説を読む行為じたいが、散歩しているみたいだった。

ジュリアスが雑踏を避けてアメリカンフォークアートミュージアムに立ち寄るところで、彼が最初に目にした絵画、犬と猫を連れた赤いドレスの少女に既視感があったので、自分の本箱を探したところ、『Treasures of folk art : the Museum of American Folk Art』(Abbeville Press 1994) という小さな目録が出てきた。表紙がまさにその絵で、十九世紀の肖像画家、アンミ・フィリップスによるものだった。わたしはこの美術館がすごく好きで、何度足を運んだかしれない。メトロポリタン美術館や近代美術館より、ホイットニー美術館より、ずっとマイナーなこの美術館が本のなかに現れたことで、わたしはよけいに『オープン・シティ』に惹かれたのかもしれなかった。

「貴族はいてもパトロンとなる王室のない国の、簡素で無邪気で素朴な美術」とか、「正式な訓練を積んでいなくとも作品に魂を宿らせた」とかいった説明は、この美術館の説明として的確だし、つづく絵画の説明が、そこから発展する思索が、幻想が、なんだか只者ではない感じの広がりを見せる、と思ったら、著者のテジュ・コールは美術史の博士号を持つ人なのだった。いずれにせよ、『オープン・シティ』を開くとそこには静かな街の情景が広がっていて、それはわたしには、ジュリアスについていく散歩なのだった。

教養と時間がたっぷりあって、大都市で暮らしながらも常に喧騒を避け、静けさを好むジュリアスに嫌味を感じることもなく最後までついていけたのは、そんな彼でもあなたやわたしや、そのほか大勢と同じように、「そんなつもりはなかった」という不本意な齟齬がそこかしこに生じたり、アンラッキーな出来事が降りかかったりするせいだと思う。

アパートの隣人が何ヶ月も前に配偶者を亡くしていたのに気がつかず、なんの助けにもなってあげられなかったり、挨拶の仕方を間違えて、タクシードライバーに嫌われ、違うところで降ろされたり、治安の悪い道で若者に襲われたり、自分は覚えていないのに、ある女性にずっと恨みを抱かれていたり。ちょっとした行き違いから、背筋の寒くなるようなことまで、静かな日常のなかにも、思いもしなかった不協和音がいきなり、かき鳴らされる場面が散らばっているのだ。

彼の場合、それらに積極的に立ち向かっていくということはなく、内省しながらなんとなくやり過ごす。そのしかたが、というよりしかたのなさが、柳に風といった感じで淡々としていて、冷静だった。

小説の終盤に起こるアンラッキーな出来事で、コンサートに出かけた雨の夜に、カーネギーホールの外の非常階段（鉄の、梯子よりちょっとましなくらいの階段だろう）に締め出されてしまうというのがある。階段は建物の途中で途切れていて、そのずっと下に道路が見える、という危険な状況から命拾いしたシーンで、彼は頭上に広がる星空に気がつく。雨が上がり、奇跡的に光害の影響を受けず、星がきらめいている。カーネギーホールの上の星空という意外性も、あまり感情の起伏の激しくない彼が昂ぶっているのも、印象的だった。

星の光が見えるときには、その星はもう存在していないかもしれないとはよく言われるが、そのことを彼は「すでに過去になったものが残り続けている視覚的なこだま」と表現した。逆に、いまここからは星が見えない闇の向こうにも、存在している星があるはずだと、果てしない想像をする。

「私は真下を見下ろした。タクシーが黄色のぼやけた長方形となって勢いよく走り去る。そして救急車。甲高いサイレンが四階下から私のところまで届き、救急車がタイムズ・スクエアのネオンの業火へ向かうとサイレンの音が広がった。道の途中にいるまだ見えない星の光に、私は出会いたかった。私の全存在が盲点にあるために届かない星の光、毎時十億キロという上ない速度でこちらに向かっている星の光に。その光は時がくればこの星に届き、私以外の人間たちを照らすだろう。あるいは想像もつかないカタストロフィーが起きて、元の姿がわからないほど世界が変わってしまったなら、別の何かを照らすだろう。私の手は鉄をつかみ、私の目は星の光をとらえていた」

先述の「あの場所で最初に消滅したのはツインタワーではない」という彼の語りで、倒壊したツインタワーが建つ前の遠い過去を見通すことができたように、今度は未来へ、時間がどこまでも果てしなく広がっていくようだった。

書かれ、消され、また書かれる移民の街の記憶のなかで、彼は自分のことを、そこに

「いまだ書き重ねられていない群衆の一人」と表現した。自分と、この街のいくつもの物語のなかの自分のパートとをつなぐ線を、彷徨いながら探していた。

『オープン・シティ』テジュ・コール著　小磯洋光訳（新潮社 二〇一七）

3

ジュンパ・ラヒリの第三の言語

ジュンパ・ラヒリは大好きなアメリカの作家のひとりだ。二〇〇〇年の『停電の夜に』から始まって、新しい本が出るのをいつでも心待ちにしている。アメリカやインドを舞台にした物語は静かで、情熱を秘めていて、なんとなく寂しい感じがする。そのことに、いつも心をつかまれる。

『わたしのいるところ』は、この文を書いている時点でいちばん新しい小説で、二〇一九年に出版されている。二十年近く、わたしはジュンパ・ラヒリを愛読しているのだ。「イタリア語で書かれた初の長編小説」と帯にあったが、小説というより日記かエッセイのように思える。母語でも母国語でもない、ラヒリにとってまだ慣れないイタリア語の、簡潔な文章だからかもしれない。それは日本語で読んでいるわたしの想像だ。あるいは、モノローグで書いているからかもしれない。
そこに綴られているのは、人生も半ばを過ぎた女の何気ない日常だ。常に静寂と孤独を必要としていることと、大学で教鞭をとっていることが、ラヒリ自身とかさなるが、小説の「わたし」は独身で、ひとり暮らしだ。「歩道で」「道で」「スーパーで」「彼の家で」「待合室で」「日だまりで」「八月に」「夕食に」など、「わたし」のいるところがタイトルとして、日付のように記され、モノローグがそれにつづく。

「歩道で」見かけたのは、事故で命を落とした人の母親が立てかけた、墓碑のようなものだ。いつもそこには花束が置かれていて、ろうそくが灯っている。「道で」会ったのは、恋愛の末に、いまも仲良くしている、やさしい男友達だ。彼は「わたし」の女友達と、子供たちと共に暮らしている。道ですれ違うだけでなく、一緒にエスプレッソを飲んだり、「スーパーで」買い物をしたり、「彼の家で」留守を預かったりもする。近いような遠いような存在の彼は、何度も出てくる。あるときは再び「道で」、彼らのあからさまな痴話喧嘩を耳にする。「わたし」はなりゆきが気になって、気づかれないように、二人のうしろをしばらくついていく。

病院の「待合室で」会ったのは、冷たい目でこちらを凝視してくる老婆だ。家族も付き添いもいない。自分がそのくらいの歳になったとき、自分の隣にも誰もいないだろうということを、彼女に見抜かれているのではないか、ということを「わたし」は気にしている。

「夕食に」人が集まった席では、話題をいつもさらってゆき、自分の話に変えてしまう見苦しい女がいる。「わたし」は彼女と議論して、場の空気を乱してしまう。広場の「日だまりで」は、顔見知りの店員が目の前で、腕によりをかけてつくってくれる、神聖な食べ物のようなパニーノ（サンドイッチ）がある。

それら日常の断片はまるで、静謐な絵のようなときもあるが、思わず苦笑してしまうアイロニーに満ちた、コミックのようなときもある。ジュンパ・ラヒリの新境地だ。そこには、無責任だったり無礼だったり、騒々しい人たちへの静かな怒りがある。心をざわつかせるものは限りなくある。人生を半分も過ぎていたら、老いや死についても考えざるをえないし、それに対する抵抗感や諦念もあるだろう。人生の、同じような地点にいる人には、おもしろく読めると思う。読み終わる頃には、これはやはり小説だったのだと思う。そして一年くらいしてまた読みたくなる。何度でも聴きたくなる、音楽のように。

言語を英語からイタリア語に換えて書いたことについては、翻訳を日本語で読むぶんには、たいして変わりないことかもしれないが、書き手としたら、そこにはすごいチャレンジがある。そもそもジュンパ・ラヒリはその作品が何カ国語にも訳されるような作家なので、イタリア語で書いたのは、イタリア語圏の人に伝えるためではない。言語を換えることによって、表現のしかたが変わってくる、そのことに創作の新しい可能性をかけているのだと思う。

普段、このわたしは、MacBookを使って日本語の文章を書く。外国語で書くということがほとんどない。日記はベッドの上で手書きする。すると、日本語でありながら、思うように漢字が書けないことなどもあって、かなりたどたどしい。違う言語のようだし、寝ながら書いているので、いまにも死にそうな人の書くような文字になる。死にそうな人と違うのは、たいして大事なことを書いていないということかもしれない。ひたすら自分のために書いている。それは仕事場とは異なる場所から表現する、試みの行為だ。ジュンパ・ラヒリとはずいぶんと違うところにいるのだけれど、それはそれで贅沢なひとときだ。

『わたしのいるところ』ジュンパ・ラヒリ著　中嶋浩郎訳（新潮社 二〇一九）

＊

ジュンパ・ラヒリが慣れないイタリア語で書き始めたのは、『わたしのいるところ』のひとつ前に出版された『べつの言葉で』からだった。それは初めてのエッセイ集でもある。英語を自分の言葉として生きてきて、アメリカで数々の文学賞をとるほどの確固たる地位を築き上げた作家が、最も大切であるはずの言語を潔く捨て去り、再び一から覚えたイタリア語でキャリアを積んでいくのは、ものすごいことではないか。

慣れない外国語で書かれた文章は、たどたどしいということはないにせよ、その国の読者に違和感をもたらすこともあるだろう。外国語で書くということ、その試みというか挑戦が『べつの言葉で』で、この本には二篇の実験的な短編小説も含まれている。

彼女の言葉の背景には、三つの言語が存在している。ひとつは両親から受け継いだ母語としてのベンガル語。アメリカで育ったため、完璧に話すことはできない。それから英語。それは自国語として身についていて正確だし、それを使って小説を書き、有名な作家にまでなったのに、好きではない。理由はよくわからないが、むしろ絶望している。三つめのイタリア語には、まるで恋愛のように夢中になっている。同時にイタリア語は彼女にとって、愛情を注いで育てなければならない幼い子供でもあり、未来が託されている。イタリア語で書く文章は、みずから構築し、渡るべき橋なのだとも書かれている。「それは型破りで魅力的な通路だ」ともラヒリは言っている。

「子供のころから、わたしはわたしの言葉だけに属している。わたしには祖国も特定の文化もない。もし書かなかったら、言葉を使う仕事をしなかったら、地上に存在していると感じられないだろう」

インドでもアメリカでもイタリアでも「ガイジン」と見なされ、どこにいても中途半端で所在ない彼女が、一歩ずつ自分の世界を切り開いていくさまに、勇気づけられる。その努力は、外国語の習得に苦労したことがある人なら、どこを読んでも納得できるだろう。

彼女は作家として貪欲にイタリア語を吸収する。毎日のように言葉の採取をつづける。ノートに書きとめ、覚えていく地道な作業だ。エキスパートではなく、見習いでいることをよしとする。新しいものを創るために名声を捨て、成長しつづけ、変化していく可能性を選ぶ。その清々しさに、心うたれる。

日本語への訳者が英語の小川高義からイタリア語の中嶋浩郎に替わっても、わたしの好きなジュンパ・ラヒリの筆致は健在だった。

『べつの言葉で』ジュンパ・ラヒリ著　中嶋浩郎訳（新潮社 二〇一五）

瞬間の連なりのアート

ミランダ・ジュライの短編集『いちばんここに似合う人』を読んだとき、心のなかで、うわっ!と叫んだ。最初の話から痛かった。孤独で、ぱっとしない「わたし」がそこにいた。頑張ったり、試みたりするのだけれど、なかなか認めてもらえない。行き過ぎだったり、方向が間違っていたりする。偏執狂的だったり、妄想癖があったり、ギリギリのところにいる危うい「わたし」たち。迷いに迷っているうちに身動きがとれなくなり、希望は見つけるそばから打ち砕かれる。そんな「わたし」の物語が連なって編まれていた。どうして読んでしまったんだろう。

最初の物語では、印刷所の事務員として働く女が、雑誌『ポジティブ』に気分を明るくするアドバイスを寄稿し、採用されなかったそれらがところどころに差し挟まれている。

「わたし」は、もう少しで採用される気がしている。

「自信をなくしかけている？　空を見ましょう。その空はあなたのためにあるのです。（中略）もしも朝起きて自分には何もないと感じたら、どうかそのことを思い出して。立ち上がり、東を見ましょう。そして空を褒めたたえ、空の下にいるすべての人々の内なる光を褒めたたえましょう。自信なんかなくたっていい。ただ、褒めたたえて、褒めたたえて、褒めたたえて」

それは特にいいアドバイスではないし、採用されなくても当然のように思えるのだが、妙に心に残った。朝夕、空を眺めては満足しているこのわたしは、ちょっと心を許してしまった。

彼女は下の階に住む夫婦とパティオを共有している。同じだけ家賃を払っているから損をしないように、彼らが使用していた日にはカレンダーに印をつけ、自分もそれと同じだけ、パティオで過ごすようにしている。その考えかたは小さいが、つづく妄想は大きい。

妄想に妄想がつづく。

この本について話していたら友人が、四年後に書かれた『あなたを選んでくれるもの』がとてもおもしろかったよ、と教えてくれた。

＊

わたし自身の話になるけれど、そのとき、ある企画を抱えて途方に暮れていた。企画が通る、採用されるというのは、必要とされて選ばれるということだ。どんなに頑張っても、方向が違っていたり、努力が足りていなかったり、予算がなかったり、そもそも求められていなければ選ばれない。選ばれないことがつづけばその状態に倦んでくる。自信を失う。自分は必要とされない人間かもしれないと思う。わたしは未完成の作品を持って、途方に暮れていた。『あなたを選んでくれるもの』を読んだのはそんなときだった。

ここにも前作と同じように一般の、というにはいささか奇妙な人々が登場するのだが、こんどは小説ではなくノンフィクション。著者によるリアルなインタビュー集だった。そしてこれがまさに事実は小説より奇なり、なのだった。

ミランダ・ジュライはパフォーマンスアーティストにして作家で、映画監督で、歌手で、女優でもある。彼女はあるとき、映画の脚本に行き詰まった。書けない自分に向き合う時間から逃げるように、毎週どこの家にも届く「ペニーセイバー」というフリーペーパーをすみからすみまで読んで時間をつぶしていた。

そんな彼女の目にとまったのが、小銭を稼ぐために「売ります」のコーナーに着古した服や中古のドライヤーや見知らぬ人の古いアルバムを出品する人々だ。ミランダは彼らに会いに行き、彼らの住む家や部屋を目にしたり、その家族と会ったりしながら、きわめて私的な空間でのインタビューを試みたのだった。インタビューを受けるのは、ワールドワイドウェブのなかには存在せず、検索しても決して出会うことのない人たちだ。そこでミランダは、彼らの純粋さ、自己肯定感、諦念、自由奔放さ、ひたむきさに圧倒される。読んでいるわたしも圧倒される。アメリカだからルーツもファミリーも多様で、ものすごくおもしろい。

一連のインタビューは結果として、現実逃避ではなく立派な取材となって、ミランダが脚本、監督、主演を務める映画『ザ・フューチャー』（アメリカ・ドイツ合作 二〇一一）を完成に導いたし、予定していたストーリーを根幹から変えたと思う。そして、このインタビューで見出され、一般人ながら俳優として起用された八十一歳の老人、ジョーがいなければ、この映画はありえなかっただろう。

ジョーの家はきれいに片付いていて、古びた家具は寿命ぎりぎりまで、ていねいに使いこまれている。かつて一緒に暮らした、たくさんの犬や猫の写真と、結婚して六十二年になる奥さんに贈られた手作りのカードが壁いっぱいに飾られている。彼は土木建築の仕事をしていたが、いまはボランティアで独居老人たちの買い物代行をしている。元気なように見えるが、現実では数週間後に死期が迫っていた。でも淡々と日々の務めを遂行していた。彼は突然降ってきたようなインタビューにも、映画出演にも、自分のわずかな残り時間を惜しみなく提供した。そしてこの地球上から失われてしまう直前に、映像のなかに永久保存された。

本を読み終わって、すぐにその映画を観た。

『いちばんここに似合う人』 ミランダ・ジュライ著 岸本佐知子訳（新潮社 二〇一〇）
『あなたを選んでくれるもの』 ミランダ・ジュライ著 岸本佐知子訳（新潮社 二〇一五）

*

四十歳を過ぎたら小銭みたいなもの。たいしたことはできない。だからいまのうちにもっと意味のあること、好きなことをしよう。

三十五歳のソフィー（ミランダ本人が演じている）とパートナーのジェイソンは同棲している。彼らはこれからの人生について考え、話し合っている。「もっと意味のあること、好きなことをしよう」と、ふたりは決めたはずだった、けれど……というのがこの映画『ザ・フューチャー』だ。

ライナスの毛布（スヌーピーの漫画に出てくるライナスがいつも持っている、それがないと安心できない毛布）を思わせる、ソフィーの大切なTシャツ。シェルターにいて、引き取りに来てもらえるのをひたすら待っている猫「パウパウ」のモノローグ。しゃべる月（声はジョーが務めている）、停止する時間など、映画ならではのコンセプチュアルなシーンに心を奪われる。そして『あなたを選んでくれるもの』のインタビューで、ミランダがジョーに気づかされたことがテーマとなって、映画全体を月の光のように包んでいる。

自分の残りの人生は小銭なんかじゃないのかもしれない。
あるいは、全部が小銭かもしれない。

ミランダは壁いっぱいに貼られた、ジョーの手作りのカードを見て思ったのだ。小銭ではたいしたものは買えない。それはなんでもない日々の、とりたてて価値も見出せないと思っているひとときと等価なのだ。でもそのひとときの連続が人生をかたちづくる。小銭のような瞬間の一つひとつは、ジョーの手作りカードのように、どれも少しずつ違っていて、それゆえ、瞬間の集大成である人生は、アートのように美しいのだと。

『いちばんここに似合う人』に始まって、ミランダ・ジュライの作品に次々に触れて思う。わたしの作品はしばらく世に出ていきそうにないけれども、途方に暮れるいまこの瞬間のピースも、自分の人生の集大成のためには必要な、個性的なピースのひとつなのだ。

dbベーカリーとの再会

「皆さんは、dbベーカリーのことをご存知ですか。パンもご主人も不在のパン屋さんのことを」

二十年ほど前、わたしはdbベーカリーのことをメールマガジンに書いて、読者に配信した。パンの情報サイトで月に数本の取材記事を書き、毎週のようにメールマガジンを配信していた頃のこと。編集後記にちょっとユニークな話を書いた。そのコラムの原稿がいま、手元にある。dbベーカリーはある雑誌に掲載されていた記事で知った、たいへんに魅力的なベーカリーだった。

「『db』という、言われてみればなるほどお腹が出た人の形をしたロゴ。ご主人はとても体が大きくて、売られているパンも通常よりずっとdb（ダブルアンドビッグ）な大きさなのだそうです。そんなパンを置く場所がない、小さな店の中にあるのはメニューとファックスだけ。注文するとご主人が近くの作業場から運んでくれるのだそうです。その時もれなくもらえる特製布袋も魅力的でしたが、しっかり焼き色のついたクラストを持つ、大きく逞しいパンの写真がなんとも素晴らしいもので、わたしは一瞬で心を奪われてしまったのでした」

わたしは連絡先を捜した。このパン屋さんをぜひとも取材して記事を書き、読者に届けたいと思ったから。頭のなかはすでにdbベーカリーへの質問でいっぱいだった。

「でも、どこにも店の連絡先がないのです。本をひっくり返したりして、おかしいな？と思うこと数分。そして気がついたのでした。『クラフト・エヴィング商會』という架空の作品を作り続ける人たちの、これもまたひとつの作品であったことを。それは奇しくもエイプリルフールのことでした」

架空ゆえ、もちろん取材も記事にもできなかったけれども、あまりにおもしろく感じたので、メールマガジンに書いたのだった。それから二十年の月日が流れても、わたしはまだdbベーカリーのことを忘れていなかったし、現実にはない店だというのに、折にふれて思い出しもした。まるで、実際に一度、行ったことがあるみたいに。

ある日、クラフト・エヴィング商會の吉田篤弘の短編小説『おるもすと』のなかで、そのdbベーカリーに再会した。夢だと思っていたものが現実だったような、もう死んでしまったかもしれないと思っていた人に生きて再会できたような、そんな気分だ。

「もうほとんど何もかも終えてしまったんじゃないかと僕は思う」

『おるもすと』は、冒頭から仄暗く静かなところへゆっくりと沈んでいくような感じの小説だ。暗いのに心が休まる、気持ちがいいところへ。

「どうしてかと云うと、次にすることを思いつかないからだ」

パンデミックによって図らずも家に籠るような日々が始まり、自分がいますべきことが見きわめられないまま、すがるようにして本を読んでいたときだったから、それがしっくり、というか自分のことのようだった。あるいは中年の危機のようなもので、人生の秋か冬にさしかかった人が感じる諦念をその文章に感じたのかもしれなかった。

石炭の仕分け作業を仕事にしている「僕」は、お祖父さんの遺した崖っぷちの家に住んでいる。崖の下には墓地が広がる。「僕」は日々、その墓を数えること以外は、人生ですることの何もかもを、終えてしまったと感じている。

「雲を眺めることはもう終えてしまった」

終えてしまったことが羅列されるなかに「雲を眺めること」が入っていて、悲しくなる。わたしはクラフト・エヴィング商會の『クラウド・コレクター』や吉田篤弘の『空ばかり見ていた』が大好きなのだ。雲を眺めることを終えないでほしい。そう思った。いや、「僕」は吉田篤弘というわけではないのだけれども。

「僕」はある日、街に出て、dbベーカリーに行ってパンを買う。いよいよ二十年前のあの物語のつづきが読めるのだ、とわたしの胸は高鳴る。前に読んだ記憶と違ったのは、ファックスではなく留守電にオーダーを吹き込むということだった。大きい、普通、小さい、という大きさ違いの三種類のみの、ずっしりと大きく香りのよいパン。三日かけて食べ終わると、また食べたくなるという。それはパンの理想形だ。

そのうち彼は自分のなかの黒ずんだ部分が、パンによって白くなっていくように感じ始める。それはどういうことなのか。生きることも諦めかけていたような彼がパンによって気力を得ていったのか。レイモンド・カーヴァーの『A Small, Good Thing（ささやかだけれど、役にたつこと）』でもそうだったけれど、温かなおいしいパンには心と身体とを安らがせる即効性がある。また、日々食べつづけるものによって心や身体のありようは変化していくものだ。

そんなある日の公園で、dbベーカリーの主人らしき男がついに登場する場面がある。「僕」はベンチに座ってその男の話を聞く羽目になる。というのは、男は英語を話す外国人で「僕」にはさっぱり聞き取れないし、まったく理解できないからだ。「おるもすと」の一語を除いては。いったい何の話をしたのだろう。あとがきの「おるもすとの話のつづき」にそれは次のように書かれている。

「このパン屋が口走る『almost』は、たぶん晩年を生きる者の嘆きに違いなく、到達を目前にしてのセリフというより、残り短い人生に対する諦念のあらわれと思われる」

おるもすと。つまり「ほとんど」。

ほとんどを終えてしまったものの、まだ終わりではない人生。まだ終わらない物語を、わたしたちは生きている。

吉田篤弘はこの小説を十二年温めていて、その間に百篇もの小説を書き上げてきたという。ほかの小説とは違うものなのだ。わたしが読んだ廉価版より先に世に出た世田谷文学館版の『おるもすと』は、表紙から何からすべて活版印刷されているという。装幀家でもある彼のセンスの極みがうかがえる贅沢だ。わたしはまだそれを見たことがないが、いつか見てみたい。dbベーカリーの出てくるところを、指先でそっとなぞってみたい。

『おるもすと』吉田篤弘著（講談社 二〇一八）

茶道の稽古

なんだかよくわからないが「武田のおばさん」という人は、どこかが普通の「おばさん」とは違う。やがてそれがお辞儀のしかたであることに気がつく。武田のおばさんは茶道の先生なのだった。

著者の森下典子が若き日に、茶道の稽古の第一歩を踏み出したときから綴られる『日日是好日』を読んで茶道を体験してみたくなったという人が、わたしのまわりに何人かいる。お茶の稽古のいいところがとても自然に、わかりやすく書かれているからだと思う。わたしはこの本に出合ったとき、すでに茶道の稽古に通っていたので、著者の気持ちがとてもよくわかってデジャヴュのような心地で読んだのだった。これは黒木華主演、樹木希林が武田先生を演じて映画化された。映画の公開に合わせ、森下は続編『好日日記』を上梓した。映画を観たあとで読む武田先生の姿や声はわたしの頭のなかですっかり樹木希林になっていて、その樹木希林は他界していて、茶道のかけがえのない一期一会のひとときがいっそうきわだって感じられる。

深く共感するのは、稽古の時間というものが日常のなかにありながら、日常から遠く離れているという感覚だ。家でものを書く仕事は仕事場に住んでいるようなもので、切り替えがうまくできないと息が詰まりそうになることもある。無心に行う稽古の時間は、その切り替えになるのだ。

ここからはわたしの好日日記。

年末にかさなった、わたしにとって不本意な出来事について、心配してくれた友達に、わたしは大見得を切るように「崖から落ちた感じ。でもそのまま倒れているのではなくて、いまは崖の下で立っている。立たせていただいています」と説明した。人生にはできるはずだったことができなくなったり、ずっとつづいていくと思いこんでいたことが突然途絶えたりすることがあるものだ。でもそんな日常と並行して、茶道の稽古の時間が流れている。それは友達の存在と同じくらい、助けになるものかもしれない。

一月の稽古では、床の間に「松壽千年翠（しょうじゅせんねんのみどり）」のお軸が掛けられる。松は常緑樹で、風雪に耐えて千年の緑を保つといわれている。その禅語はおめでたい新年の床の間を飾るのによいのだ。意味をさらに調べるうちに、積雪に押しつぶされることなく谷底にそびえる松、という、崖下の松のメタファーが目の前に現れたように感じ、なんだか勇気をもらえた。それからというもの、そのお軸はもう、いままでとはすっかり違って見えるのだった。


コンタクトレンズがメガネのレンズのように大きく分厚くなって、はめようとしてもはまらなくなる夢を、たまに見る。夢の意味を調べると、自分の能力を活かせる状況になかったり、その状況に焦っていたりすることを暗示しているのだという。また、大きなことをしようとしているストレスだとも。なんとなく、腑に落ちてしまう。

大きなことをしよう、なんて。自信をなくして小さくなっているときは、なんでも大きなことに思える。いろいろ失ってばかりで、どんどん小さくなって、小さくて薄いコンタクトレンズすら大きく見えるいまのわたしなのかもしれなかった。
そんなわたしをおそらく承知の上で、仕事の相談を持ちかけてくださったのは、いまの仕事を始めた頃から尊敬している方である。打ち合わせの席で、わたしの近況報告を聞いたあと、彼女は言った。

「かいていないときに、進むものなんですよ」

彼女が言ったのは「書いていないとき」ではなく「掻いていないとき」で、それは平泳ぎの話だった。水を掻いていないとき、泳ぐ人は前に進んでいるというのだった。走りつづけているときには見えないものが、止まったら見えてくることがある。止まった途端に汗のように吹き出してくるものもあるかもしれない。そしてもちろん「書く」にも掛けているのだった。前から思っていたけれど、やはり頭がよくやさしい人だなと思った。仕事と自分に厳しく、人にやさしい。

わたしは焦らなくていいのかもしれない。もう怖い夢を見なくてもいいのかもしれない。

『好日日記』にも、書道の人がしばらく筆を持たずにいて、久しぶりに書いたとき、一段階上のフェーズに入っていた話があった。離れているようでいて、もしかすると心のなかではずっと書をつづけていたのかもしれない、とあった。

「そして、筆を持った時、それが上達になって表れたのではないだろうか。習っているのは、技術ではなく、道を進むことだ。人は、何も進んでいないようにみえる時でも、時間をかけて身に付けたものだけは常に持っている」

『好日日記』のなかで、いちばん好きなところだ。平泳ぎの話と、ちょっと似ている。

『日日是好日』森下典子著（新潮社 二〇〇八）
『好日日記』森下典子著（パルコ 二〇一八）

「松韻」というお菓子が島根の松江にある。稽古のときに出していただいた味を憶えていて、もう一度、冬のうちに食べたいと思い、仕事の帰りに買ってきた。胡麻を散らした小倉餡の上に、白い雪のような求肥がのっている素朴なお菓子だ。三英堂という老舗で、島根の黒松を主題にしてつくられた、ということしか知らないのだが、見た目にその求肥が、枝に残る雪のようなのだ。

そして、その名について考えてみれば、音なのだった。松韻とは松風の音のこと。茶人は炉にかけた釜の湯がたぎる音を松風の音に喩える。和菓子は口のなかだけで味わうものではない。茶席では脳内に、雪や風の音が立ち現れることもある。それがお茶のお菓子のおもしろさだと思う。どれも全部同じ餡の味、ではないのだ。

*

一年間一日ひとつずつ、美しいうつわにのせた茶道のお菓子を紹介する、大判の写真集のような『一日一菓』にも、「素材だけで同じ菓子と思うのは、口の味わいだけの話」とあった。口のなかだけでしか感じられないのは、おもしろくない。
戦による焼け野原と瓦礫のなかで生まれた侘び茶の原点は、物理的に厳しい状況でいかに生活を楽しむかだったのではないか、という木村宗慎の考えを、茶道具もしつらえも持たないわたしはなんだか心づよく思う。

利休忌（利休の命日）には、「寒菊」という、明から長崎に渡来した生姜の味の白い砂糖菓子が、明の時代の八角形の漆のお盆にのせられている。「風露新香隠逸花（風露《ふうろ》新たに香る隠逸《いんいつ》の花）」という禅語がある。大徳寺の和尚さんが利休を称えて表した言葉で、この「隠逸の花」とは、闇に見えなくてもその清らかな香りで所在が知れるということから、菊の異名とされている。それを木村宗慎は「寒々とした日の枯れた菊の風情が利休を思わせる気がして」この日に選んだという。

一日ひとつ、三百六十五日。
なぜその日にそのお菓子を選ぶのかが、茶人の言葉で語られているのがいい。何も知らなくても美しく、目にも口にもおいしいお菓子だけれど、知ればその味わいが一層深まることは、間違いない。

『一日一菓』木村宗慎著（新潮社　二〇一四）

一杯の白湯のような本

子供の頃、何か欲しいものがあって、友達みんながそれを持っているときなど「だってみんなが」と言うと、「みんなって誰のことですか」と母に問われた。そのわりに「そんなことをする人がどこにいますか」と言われることもあった。「ここにいます」とふざけて叱られた。そのバランスを取りながら大人になった。どちらかというとみんなの感覚より、自分の感覚を信じるほうに比重がある大人になった。

わたしは白髪を染めない。母もそうだったが、白髪をそのままにしていて、人がなんと言おうと、自分ではこれでいいと思っている。町を歩いている人々をスタイリストの視点で観察してみると、昔よりずっといろいろな色に染めた人たちが町にあふれている。それはさまざまなお洒落の感覚、自由で楽しい眺めだ。わたしもつられて、毛先だけ赤に染めるとか何とかしてみたいと思うこともある。ヘアサロンで、スタイリストにも相談してみる。でも結局、いまの髪の自然な艶を保つよりもいいことは、勧めてもらえない。いつもは、白髪をうまく隠したいというお客の要望を叶えることの多い彼は、わたしに「白髪をもっと増やしてください」と言って、「そんなことを言ったのは初めてです」と笑う。

永遠に生きられるわけではないし、生きているというのは常に変わっていくことだ。だから、そのときどきを楽しんで味わえたらいいと思う。日々衰えていく肌についても、そうなのかもしれない。

「ずっと変わらないでいたい……。そんな想いで、時間を遠ざけるべきではない。変わらぬものをもとめて、むしろ時間をたぐりよせるほうがいい。じぶんの存在を、時間の消えた不死の空間に移行させたいという願望は古い。化粧というかたちで、時間に対して防水処理をほどこされた顔や肌をもとめるのも、そういう衝動からくるのだろう。けれども、美しい顔とか肌というのは、ほんとうに時間を消去された顔や肌のことだろうか」

臨床哲学者、鷲田清一のエッセイ『まなざしの記憶——だれかの傍らで』をたまに読む。仕事帰りに、青山ブックセンターに寄ったとき、記念に何か買いたいと思って（そんなふうに思える書店は貴重だ）買った本で、ベッドサイドに置いている。眠りのなかに連れていく、わたしの本の特等席だ。学生時代に哲学を学ばなかったので、いまさらながらに本を読んで勉強しているなかで、鷲田清一はいちばん日本語が美しく、眼に馴染む。表現がゴツゴツしていない。どちらかというとしっとりしている。

この本にはルネ・マグリットみたいに楽しい、植田正治のモノクロームの写真もたくさん掲載されていて、ずっと眺めていられる。わたしはその写真に原風景のようなものを見る。それはたぶん、着物がまだ日常に残っていた時代へのノスタルジアかもしれないし、写真が好きで、家で現像もしていた祖父や父の趣味が、わたしの記憶に像を残しているのかもしれない。あるいはわたしが、茫漠とした平原や砂漠に憧れているからかもしれない。

『まなざしの記憶——だれかの傍らで』は、そのようなわけで、たまにページを開く本だ。心がくたびれているときに読んだり眺めたりする。それはビタミン剤というより、一杯の白湯のような感じで、心にやさしく浸透していく。

たとえば「聴く」ということについて。読みながらわたしは自分がしたインタビューの仕事を静かに省みる。相手が、「ひとつひとつその感触を確かめながらでないと音にできない言葉」をゆっくりと口にしようとしているときに、せっかちなわたしは焦れて、言葉を継ぎ足してしまうことがある。相手の言葉を受けとめることを急ぎ、解釈まで先に行ってしまうのだ。インタビュアーとしてはあるまじき行為。

「こうして話す側のほうが、生まれかけた言葉を見失ってしまう。じっくり聴くつもりが、じっさいには言葉を横取りしてしまうのだ。言葉が漏れてこないことに焦れて、待つことに耐えられなくなるのだ」

だからどうせよ、と鷲田は言わない。けれどわたしは「聴く者の態度や生き方が、常に問われているようにおもう」という言葉を深く受けとめて、静かに飲み干している。

仕事で、いい歳をして一度だけ泣いたことがある。二十年近くも生活の中心に置いて間断なく書いてきたメディアの方針が変わり、「今後はもう新規の記事を書いてもらうことができない」と新しい担当者に告げられたときだ。いま思えばそれは、時代の流れだったのだと思う。

「だれひとりもが望むもの、それはじぶんという存在が祝福されてあることだ。おまえなんかいてもいなくてもいいという顔をされるほど、辛いこと、悲しいことはない。ひとはだれも、ここにいるのはじぶんでなくてもいいのではないかという想いから、死ぬまで解き放たれることはない」

人生にはそういうしかたのないことはたくさんあって、立ちはだかる壁の前や深い穴の底で自分が陥っているこの心の状況を、自分だけではなくて誰にでもあることなのだとわかる、そのことが大事だったな、と思う。そんなふうに読むときどきで、心にとまる言葉が異なる。それはいつも、初めて読んだように新しく響く。

「他人を理解するということは、そのひととじぶんが同じ存在ではないということを思い知るところからはじまる。〈理解〉とは、しばしば誤解されているように、そのひとと同じ気持ちになること、合意を得ることではない。むしろじぶんと相手のあいだにある深い溝に気づくこと、他人のみならずじぶん自身との関係においても言葉の無力に深く傷つくこと、ここから〈理解〉へのたどたどしいけれども確かな歩みがはじまる」

お互いが相手を理解できる関係性は、親子であれ夫婦であれ、友人であれ恋人であれ、最強の仲良しだと思う。そういう人たちと生きていける人生は幸せだ。このことはいつも考える。

大人になっても迷ったりつまずいたり、堂々巡りをしているわたしが、母の命日が近づいてくる盛夏に抱きしめたいと思ったのは、次のような言葉だ。それは花束のような言葉だった。

「人生は旅だという。が、それはどこかへ向かう旅であるというよりも、自然の懐のなかからしばし、ほんのしばし、さまよいでるその彷徨の時間のことなのかもしれない。それならちょっとくらいの失敗や挫折など、屁みたいなものだ」

『まなざしの記憶——だれかの傍らで』植田正治　鷲田清一著（阪急コミュニケーションズ 二〇〇〇）

4

それはもう遠い国ではなかった

日本のような島国に住んでいると「外国」と「海外」が同じ意味になるけれど、大陸に住んでいれば「外国」とは陸つづきの隣国のことで、間には国境がある。国境は、接する国と国の関係性によって、簡単だったり厳重だったり、まったく異なる雰囲気になることだろう。

トルコとシリアの国境には、数キロ以上にわたってどちらの国の統治下にもない緩衝地帯、ノーマンズランドと呼ばれる空隙があるという。そして『ガザに地下鉄が走る日』の著者は、どの国家にも属していない人たちのことを「ノーマン」と表現した。

「いま、この世界にあって、国を持たないということはノーマン、すなわち何者でもない者、人間ならざる者であることを意味する。国を持たざる難民とはノーマンなのだ。国民国家の空隙に落ち込んだノーマン。彼らは人権とも、彼らを守る法とも無縁だ」

法も人権も国家に属する人間（マン）の特権なのだということを、それらを空気のようにあたりまえに享受してきたわたしは、この本であらためて意識した。すべての人にとってのあたりまえではなかった。

イスラエルに占領されたガザ地区に、もうずっと長いこと閉じこめられているパレスチナ人も、ノーマンと同じだった。ガザという場所のことを耳にしたことはあったけれど、よく知らなかった。いまでもよくわからない。自分の国の最も大きな都市が他国の占領下に置かれ、そこから出られない状態が何十年も、いまこのときもつづいているということを、ちゃんと考えてみたことがなかった。中東の歴史や現在のリアルを知るのは簡単ではなかった。

一九四八年にユダヤ人の国家イスラエルが建国したとき、その地に住むパレスチナ人が追放されたり、虐殺されたりするナクバ（アラビア語で大厄災を意味する）が起こった。ガザ地区はパレスチナ自治領となって、そのときは占領を免れたが、二〇〇七年にイスラエル軍によって封鎖され、そこに住んでいたパレスチナ人たちはどこへも出て行かれなくなってしまった。それはパンデミックで都市が封鎖されるのとはわけが違う。災害で住んでいた場所や仕事を失い、一時的に避難しているのとも違う。理不尽に、常に生命の危険と隣り合わせで生きなければならないということで、それがもう十五年以上もつづいている。

マスメディアではあまり報じられていないことが、この本には書かれている。ノーマンとされてしまった人たちが、どのように日々を闘いながら生きているのかが、読んでいるうちに伝わってくる。わかってくる、と書こうと思ったが、本当にはわかっていないと思う。それからわたしはネットでニュースを読み、動画を観るようになった。

これまで、パレスチナ人という文字から浮かぶイメージの大部分は、戦争やテロだった。とくに自爆テロ。それは自分のよく知らない国の出来事だった。イスラームという宗教や文化と深い関係があると思っていた。狂信的になるあまりに起こる、暴力的なふるまい。暴力が暴力を生んで、それはいつまでも終わらない。そのようなイメージを持っていた。それは確かであり、確かではなかった。民族や宗教の違いによって争いが起こっていることは確かだけれど、イスラームだから起こるのではない。

「世界の無知・無関心・忘却という暴力のなかで人間性を否定され、世界からノーマンとされてなお、人間であり続けること。人間の側にとどまり続けること。この許しがたい世界をわが身もろとも破壊してそれに終止符を打つのではなく、自らの人間性を決して手放さず、自分たちの手で、非暴力の手段によって、世界を変えていくこと。それは、オリンピックで金メダルをとることよりも、ダイナマイトで自分の肉体を吹き飛ばすことよりも、はるかに困難で、はるかに勇気の要ることだ。《ガザ》に生きるとは、人間がそのような闘いを闘うということだ」

占領によって、敵に人間性を否定されたからといって、自分たちも「敵」の人間性を否定するなら、それは敵の似姿になることだと著者は危惧している。それはパレスチナ人のテロへの非難でもあるし、かつてナチスによって迫害され、大量虐殺されたユダヤ人が、時代が変わって逆に迫害する方の立場になり、パレスチナ人に対して行っている行為への非難でもあるかもしれない。やられたらやり返す。目には目を、歯には歯を。それは古代から人間が行ってきた、よくない意味での人間的な行いかもしれない。では、わたしたちはどうすればいいだろう。

「第二次世界大戦後、絶滅収容所の真実が明らかになると、ドイツ人は『私たちは知らなかった』と弁明した。本当に知らなかったのかどうかはここでは措こう。『知らなかった』ということが弁明になりうるのは、知っていればこのようなことは許しはしなかった、必ずやそれを阻止しようとしただろう、という含意があるからだ。だが、本当にそうなのだろうか。ガザの殺戮と破壊は、世界注視のなかで起きている。(中略)無知がホロコーストというジェノサイドを可能にしたのだとしたら、繰り返されるガザの虐殺を可能にしているのは、私たちの無関心だとも言える」

日常的に関心を持つこと。見て、聞いて、読んで、間違った認識を正して、できるだけ正確に知ろうとすることができる。こうすればいいと簡単に答えが出るものではないし、すぐさま虐げられている人たちの助けになることもできないけれど、どんなに小さな無名の人々でも、世界で同時に大勢の人が「どうしたらいいのだろう」と知恵を振り絞ったなら、誤った認識のままでいたり、知らないでいたりするのより、ずっとましな方向に歴史は進むのではないか。

「闇のなか、はるか遠くに浮かぶかすかな灯りであっても、それが『私』のために灯されているものだと知っていれば、私たちは孤独ではない。絶対的な闇のなかでも、歩み続けることができる」

自分がどんな思想を持ち、どこの国や民族に属する人であるかを言っても、住む場所を追われたり、命に関わりがあったりしない国で生きているわたしにとって、この本がいつもと異なっていたのは、弛緩より緊張の読書となったことだった。それはフィクションより想像し難い、慎重に想像しなければならない読書だった。そして、読む前とあとでは、世界が少し違ってしまった。

『ガザに地下鉄が走る日』岡真理著(みすず書房二〇一八)

*

しばらく欧米の小説から離れて中東や東欧に興味が向かったときに読んだのが、ブルガリアの作家でいまはアメリカに住んでいるミロスラフ・ペンコフによる短編小説集『西欧の東』だった。ブルガリアには紛争と分断の歴史があり、共産主義体制下に置かれた時期とその崩壊とがあり、『西欧の東』にはそうした情勢や思想に翻弄される人々が描かれていた。ペンコフの作風なのか、奇妙な明るさがこの短編集をつらぬいて、束ねていた。喜劇なのか悲劇なのか、それは紙一重なのだ。泣き笑いのような顔をして読んだかもしれない。

なかでも好きだったのは、気難しいおじいさんが出てくる話だ。「マケドニア」は妻と介護施設に入居している老人が、妻の宝石箱に六十年も前に既に死んでいる男の恋文が大切に保管されてあるのを見つける話だ。妻は脳梗塞で身体が不自由になり、言葉が話せない。嫉妬と思いやり、やさしさ。そのときの彼の心の動きと行動には「気難しくて意地悪な老人」と自分で言っているキャラクターがあてはまらない。また、家庭が崩壊しかかっている娘が孫と一緒に転がりこんできたときも、彼はやさしい父親役を務めあげるのだった。

「僕がアメリカに留学すると知ると、祖父はお別れの手紙をくれた。『この資本主義者の腐れ豚め』と、そこには書いてあった」で始まる「レーニン買います」という短編にも、気難しいおじいさんが登場する。その手紙は祖父の、共産主義時代の投票用紙コレクションの大切な一枚に書かれていた。「この共産主義者のカモめ」と孫はアメリカの一ドル紙幣に返事を書く。手紙でも電話でもふたりはずっとこの調子で、毒舌のやりとりがつづいていく。軽口を叩き、ひどい言葉を投げつけたり、実際に受話器を叩きつけたりできるのは、どんなことがあっても壊れない、愛情に満ちた深い信頼関係にあるからだ。「僕」は大学院まで進むが、心のなかではホームシックに陥っていて、ずっとブルガリアに帰りたいと思っている。そして眼光の鋭いおじいさんのことをいつも考えている。そのうち、あれだけ厳しかったおじいさんに衰えが見え始める。それでも軽口が止まらない。あるとき「僕」は通販サイトのeBayで、おじいさんにちょっとしたプレゼントをしようと思いつく。それがレーニンの遺体のオークション（もちろん詐欺商品）だった。地理的に遠く離れたふたりの毒舌の丁々発止が愛情の裏返しで、親しさそのもので、なんだかちょっとうらやましかった。

ブルガリアはわたしにとって、ヨーグルトくらいしかイメージされない遠い国だったけれど、読んでみると温かな体温がリアルに感じられた。登場人物は人間くさく、勇敢であると同時に臆病で、いずれにせよ、もう遠い国ではなかった。

『西欧の東』ミロスラフ・ペンコフ著　藤井光訳（白水社　二〇一八）

＊

二〇二二年秋、これを書いているいま、イランで二十二歳の女性がヒジャブ（ヴェール）を着用するよう義務づけられた法律に従わなかったため逮捕され、その後死亡したことに端を発し、反政府デモが広がっている。

『テヘランでロリータを読む』は、イラン出身の英文学者、アーザル・ナフィーシーによるノンフィクションだ。この人も一九八一年、もう四十年以上も前だが、イスラーム革命後のイランの圧政下でヒジャブの着用を拒否したために、テヘランの大学を追放されている。その後、彼女は自宅に学生たちを招き、厳しく禁じられている西洋の文学をみんなで隠れてこっそりと読むという、秘密の読書会を始めるのだ。

最初にこの本を読んだとき、わたしはウラジーミル・ナボコフの『ロリータ』をまだ読んでいなかった。それで、読んだ。『ロリータ』はいまでは世界中で名作としての評価を受けているが、一九五〇年代に出版された当時はその内容が問題視され、数カ国で発禁となったという。そんな本をテヘランで読むとは、五〇年代の欧米で読むよりセンセーショナルではないか。この小説は少女性愛者ハンバート・ハンバートが最愛の少女ドロレス・ヘイズとの関係を獄中で書いた手記のかたちをとっている。

最後まで読むことができたのは、アメリカのモーテルを巡るロードノベル的な構成がおもしろかったからだ。読むうちに、ハンバートを創りだした著者ナボコフのことを考えた。帝政ロシアで生まれたナボコフは、この小説を亡命先のアメリカで、ロシア語でなく英語で書いたのだった。そのことにとても興味を覚える。ナボコフによれば『ロリータ』は、彼と英語という言語の、情事の記録のようなものだったという。いつか英語で読んでみたい。

『テヘランでロリータを読む』に戻ると、命がけで本を読んでいる著者ナフィーシーと読書会の学生たちは、もちろん『ロリータ』に見る風景も感じることも、気楽なわたしとは異なる。学生たちは、独裁者ハンバートに囚われて自由を制限され人生を奪われたロリータに、自分たちを投影するのだ。

禁じられているが正しいと思っていることを、危険を冒しながら遂行する学生たちの、本当に学びたいという意欲。イスラーム共和国の常識とはかけ離れた世界の名作を読んだ彼らがどんなふうに反応したかを読むことは、彼らの置かれている状況を知ることにもつながった。

図らずもそのなかに小説の本質について共感する記述を見つけた。ナフィーシーは言う。

「それはもうひとつの世界の官能的な体験なのです。その世界に入りこまなければ、登場人物とともに固唾をのんで、彼らの運命に巻きこまれなければ、感情移入はできません。感情移入こそが小説の本質なのです。小説を読むということは、その体験を深く吸いこむことです」

厳しい道徳や規則を強制される日々にあって、西洋の文学に触れるということ、それはどんなに目眩《くるめ》く体験だっただろう。ずっと狭い常識のなかで生きなければならなかった彼らにとって、たとえばフィッツジェラルドの『グレート・ギャツビー』のきらびやかで退廃的な世界は、どんなふうに思えただろう。

おもしろかったのは、ギャツビーを道徳的にも倫理的にもよくない本だと発言した学生がいて、そのこと自体は、彼らの生まれ育った環境を考えれば、あたりまえな感想と思うけれど、それに対して、先生が模擬裁判形式の授業を行うところ。『グレート・ギャツビー』を模擬裁判にかけるのだ。弁護をした学生の言葉が秀逸だった。それは、弁護のために言うことはとくにない、小説自体が自らの弁護になっているから、という説だった。この本を読んで学んだのは、不倫はいいことだとか、みんないかさま師になるべきだなどということではない。メルヴィル（『白鯨』を書いた作家）を読んだからといって、誰も鯨を獲りに行かないのと同じように、という論なのだった。

「人間はもう少し複雑なものではないでしょうか？　革命家には個人的な感情がないいんですか？　恋をすることも、美を愉しむこともまったくないんですか？　これは驚くべき本です、と彼女は静かに言った。この本は夢を大切にするとともに夢に用心することを、誠実さは思わぬところにあることを教えてくれます」

先生である著者はうれしくてしかたなかったのではないかと思う。小説は何かを主張したり排除したりするものではなくて、ただひとつの体験なのだ。その体験が休憩する場所になったり、生きていくエネルギーになったり、世界の秘密を教えてくれるのだ。

『テヘランでロリータを読む』アーザル・ナフィーシー著　市川恵里訳（河出書房新社 二〇二一）
『ナボコフ・コレクション ロリータ 魅惑者』ウラジーミル・ナボコフ著　若島正 後藤篤訳（新潮社 二〇一九）

＊

いつもの書店のいつもの本棚で、ロシアに出会った。ロシアといってもそれは、モスクワからよりも日本からの距離の方が近いという陸の孤島、カムチャツカ半島を舞台にしたオムニバス形式の小説だった。意外にもアメリカ人作家によるもので、それがわたしの興味をひいた。作者のジュリア・フィリップスは学生時代からロシアに興味を持ち、モスクワに留学したあと、十年の歳月をかけてこの小説『消失の惑星《ほし》』を書き上げた。

この小説は八月から翌年の七月まで月の名前が章になっていて、それぞれの章で一人の女性が主人公として登場する。彼女たちは同じ場所、同じ時代の流れのなかにいて、どこかでつながっている。そしてそれぞれ、傷ついている。ひりひりするほどの怒りや悲しみを抱えながら、絶望の一歩手前で踏みとどまっている。この土地の特性と考えていいのだろうか、スラブ系民族と先住民族の間には深い溝があり、女性蔑視や虐待などの問題が、深いところで澱んでいる。

いたるところに消失と痛みがある。最愛の人や犬が誘拐されるとか失踪するとか事故に遭うとかして、本当ならつづいていくはずだった日常、一緒に過ごしていくはずだった人生から失われてしまう、ということが起こる。当事者の動揺と、その後に幾度も再生される記憶の反芻を、息をつめるようにして読んだ。

最初の月に幼い姉妹が誘拐される事件があり、最後の月には少し光が差すような、解決への暗示がある。重い空気のなかに、聞きなれない名前の人物がたくさん登場するのにも関わらず、さらさらと読めてしまったのは、彼女たちの懸命さや諦念が特殊なものではなく、身に覚えのある人間らしい感情だからなのだと思う。あるいは、書いたのがアメリカ人の作家で、わたしには読みなれた感じだったからかもしれない。

『消失の惑星《ほし》』ジュリア・フィリップス著　井上里訳（早川書房 二〇二一）

＊

ロシアの本をつづけて読もうと思ったわけではなかったけれど、もう一冊、友達に薦められて読んだのは、ロシア文学に魅せられた日本人による、ロシアでの学びの日々を綴った本『夕暮れに夜明けの歌を　文学を探しにロシアに行く』だった。わたしにそれを薦めてくれた人はロシア文学に明るかったが、わたしはそうではなかった。こういうときは、何も調べることなく、まっさらな状態で読む。

それはなんというか、とてもフレッシュだった。若い感性がまっすぐに自分の好きなものに向かって進んでいく感じを、素敵だと思った。「学ぶ」というのは本来こういうことなのに、それは誰にでもできるということではなく、こんなふうであれば最高に幸せだろうな、と思いながら読んだ。

母親がスペイン語を習っていたことに影響を受け、自分も何か英語以外の言語を習ってみたいと思った著者が選んだのは、ロシア語だった。家族も友人も、まわりの誰もが読みかたすらわからないロシア語は、「秘密の暗号みたいでわくわくした」。現在は翻訳家でロシア文学研究者となっている奈倉有里は、そのようにしてロシア語の道に入っていった。

言語は無意識に、ものの考えかたを左右する。独学でロシア語の勉強を始めてしばらくして、奈倉は「言語というものが思考の根本にあるからこそ得られる、言語学習者の特殊な幸福状態」というものを体感する。

「『私』という存在が感じられないくらいに薄れて、自分自身という殻から解放されて楽になるような気がして、その不可思議な多幸感に身を委ねるとますます『私』は真っ白になっていき、その空白にはやく新しい言葉を流し入れたくて心がおどる。（中略）『私』という存在がもう一度生まれていくみたいだ」

もう一度生まれる。よく知る世界のありふれてしまったものごとに、新しい名前をつけて、覚えなおす。見かたが変わる。世界を再構築する。

ここで、ジュンパ・ラヒリのイタリア語（本書99ページ）のことを思い出した。言語の習得は、もうひとつの世界を手に入れることなのだ。そんな域まで達することができたら、楽しくてたまらないだろう。

ロシア語と文学に魅入られて留学し、恵まれた才能に真摯な努力を積みかさねて、やがて国立の文学大学で、奈倉はそれまでの自分と、それからの自分がすっかり違ってしまうような運命の出会いを経験する。文学研究入門の授業を受け持つアントーノフ先生との出会いだ。そこで彼女はあらためて「学ぶ」ということがどういうことかを知るのだ。

この先生は型破りなところがあって、いつも酔っぱらっているふうなのに、授業となると人が変わったように、教科書にも参考書にも書いていない、幅広く豊富な知識を時間いっぱい講じるのだった。それは学生たちを魅了した。衝撃を受けた彼女は先生の言葉を一言も聞き漏らすまいと、二回目の授業からは最前列にすわり、速記を試みる。そして授業のあとで完全なノートを作成する。そうすると、ノートを開けばいつでも先生の声が聞こえる状態になるのだ。その声はライブ感たっぷりにそのまま日本語に訳され、二ページ以上にわたって記されている。熱心なことに翌年も同じ授業にもぐりこみ、復習して、講義ノートはより完璧になった。さらに、先生の話したことに関連する文献はすべてに目を通した。そのまた翌年はこの先生による上級生の授業を先取りする。その過程で、先生にとっても彼女の存在は特別になっていったに違いない。

奈倉には大好きな詩があった。アレクサンドル・ブロークの「かの女《ひと》」。アントーノフ先生の授業で、自分がその詩を好きな理由がリズムによるものだとわかった。そのことをもっと知りたいと思い、アントーノフ先生に話すと、読んだらいい文献リストをくれるということになり、放課後にふたりは待ち合わせをする。でも先生はリストを持ってくるのを毎回毎回忘れるのだ。まるで「そして毎晩決まった時刻に（それとも僕がみている夢？）」という、その詩「かの女」の一フレーズみたいに。

放課後に会うことがやがて習慣になってしまったふたりに、噂が立つことはしかたがない。そしてその時間が、かけがえのない時間になっていったことも想像できる。「私たちは会ったからといって、なんということもない」と奈倉は書く。それは他人に命名されたくない、大切な関係性なのだと思う。
やがて創作科の学生が奈倉とアントーノフ先生をモデルにしたフィクションを書いたことで先生が授業中に揶揄されるという、ちょっとした事件が起こる（「文学大学恋愛事件」の章）。子供じみたことだが、先生はうつむき、授業をそこで終了してしまうという意外な反応をし、奈倉は戸惑い、悔しい気持ちになる。そして、断固としてその小説を読むことを避ける。

「もしそこに少しでも納得のできる描写があったら、もしそうなってみたいと思えるような部分があったら——私の精神はその虚構に絡めとられて、二度と戻ってこられないのではないか。それが怖かった」

少年のように無垢な先生の不器用な感情の表しかたは、恋をする人のそれだと思わずにはいられないけれど、恩師に対してそのようには書けないのだろうし、読者がそれを指摘するのは野暮なのだ。けれど、先生のその後を読むと、とてもせつない。事実は小説より奇なりだ。

「これまで生きてきて、こんなに真剣に学んだことも、学ぶことを人生そのものと感じ、そんな日々が永遠に続くのを願ったこともなかった」

先生は、自分にとって学ぶことそのもののような存在だった、と最後に奈倉は書いている。でもそれを言葉では、伝えられなかったのだ。「ひたすら言葉の大切さを教わってきた大学生活の最後の最後で、言葉があまりにも無力になってしまう瞬間に出会ってしまうなんて皮肉だけれど」と彼女は書く。そういう瞬間があるからこそ、人は少しでも伝えるために、本を作り出してきたのだ、と。

学ぶということ、そしてアントーノフ先生についての話は、タイトルになってもいいくらいの存在感で、わたしのこの本に対する印象そのものとなった。ロシアの不安な社会情勢やウクライナ侵攻に対して、どんなに学んでも無知で無力だったと語る彼女が、唯一無力でなかったのは、言葉を学び、その言葉で人と心を通い合わせた瞬間だったという。いまこそ分断ではなく、そのように心を通い合わせ、つながることのできる言葉を選ぶ必要があるのだ。学ばなければ、そうした言葉を選ぶことはできない。

巻末の「本書に登場する書籍一覧」を見ると、わたしの知らない本ばかりだった。ロシア文学を読んでみたい、と初めて思った。

『夕暮れに夜明けの歌を 文学を探しにロシアに行く』奈倉有里著（イースト・プレス 二〇二一）

5

本棚の写真を撮った日

先日、ニューヨークパブリックライブラリーのインスタグラムの投稿で、ライブラリーシェルフィーデイ（Library shelfie day）というのを知った。お気に入りの本棚の写真を撮って投稿する日。自撮りのことをセルフィー（selfie）というけれど、これは本棚（bookshelf）のshelfにかけている。投稿を見たのが現地時間の朝、東京では同日夜だったので、急いで枕元の本棚の写真を撮って投稿した。それから、世界中の本棚を見て楽しんだ。

かつてわたしは本棚を持っていなかった。少し前にようやくベッドサイドに本棚をつくりつけてもらったところだった。

本棚にはその人らしさが表れる。写真に撮ると、自分の本棚も客観的に見ることになる。わたしの本棚の写真から見えたものは、少し昔の自分だった。では、これから何が読みたいか。いま、どんな本を必要としているか。そんなことを考えながら、眠りについた。翌日になって本を整理して、入れ替えた。寝る前に読むことが多いので、枕元の棚は本の特等席だ。そのとき読んでいる本や、いつも近くに置きたい本が並ぶ。片付けるのは得意ではないほうだけれど、冷蔵庫と本棚はいつも整理整頓して、何がどこにあるのか常に把握しておかないと、落ち着かない。

そしてまたべつのある日、Facebookを見ていたら、過去の同じ日付の投稿に、わたしの母の本棚の写真があった。中学生の頃、技術工作の時間に作った木製のもので、他界して三年が経ったそのときもまだ、それは実家の母の机の上にあった。そこにはポール・オースターやスー・グラフトンなどのペーパーバックが並んでいた。奥にはもう使う人のいなくなったタイプライターが置かれていた。そのときは、母がまだそこにいる感じがして撮ったのだ。でもそれらの本を読む人も、もういなかった。よく見ると埃がうっすらと積もっていることに気がついて寂しくなった。

母はいつも洋書のペーパーバックで推理小説を楽しんでいた。ハードカバーの本は一部わたしが受け継いだ。「いつか、読んでね」と彼女は言っていた。サマセット・モーム、夏目漱石、そして須賀敦子をひと揃い。母が好きだったそれらをいま、少しずつ読んでいる。

*

図書館で見つけた本に『さよならまでの読書会　本を愛した母が遺した「最後の言葉」』というのがあった。長々しいタイトルはともかく、読まなくてはならないと思ったのは、かつてわたしも母と二人、この本に出てくるような読書会をしていたからだ。読書会といっても、ただ同じ本を同じ時期に読んで話し合うというだけのものだ。

がんに冒された母とその息子の二年に渡る闘病の日々、そこには読書という習慣があり、読書を通したコミュニケーションがあった。「そこが、本というものが果たす役割のひとつね。わたしたちの代わりに語ってくれる」と、その母は言う。「母が示してくれたのは、本というものは相手と親しくなり、たとえそれがもとから非常に親密な母と息子であっても、たとえかたほうが死んでしまっても、その親密さを維持するための媒体だということだ」と息子は書いている。

「本が読めなくなったら終わりだと思うのよ」とわたしの母は昔から言っていた。亡くなる三日前、入院した夜に母から届いた最後のメールには「入院して快適にしています。あなたから借りた本を読み始めました」とあった。会いにいったあとまもなく意識が混濁し、眠りつづけた。死にかけているという状態をうまく受け入れられないまま、母の枕元に戻って、ずっと看ていてくれた家族と交代したひとときがあった。病室に眠る母とふたりきりで所在なかったときに、わたしは引き出しだったかバッグのなかだったかで、母が読み始めたと言っていた本を見つけた。そして、しおりの挟まっていたところからつづきを朗読したのだった。それは白洲正子の随筆だった。聞こえていたか、いなかったかはわからない。それしかできることはなかった。わたしはただ、自分のために読んだのかもしれなかった。

『さよならまでの読書会』には二十数冊の本が紹介されているけれど、書かれているほとんどの内容は本ではなく母と息子の日々のことだ。本で意見を交換することで、相手の考えかたを知る。それは本の味わいをどれほど深めることになるだろう。限りのある時間と空間のなかであっても、本を読む心はどこまでも無制限で自由だ。そして病室や待合室という、そこにじっとしていなければならない場所は、読書に最適な空間でもある。

わたしは本を通じて誰かと対話するのが好きだ。どこかでつながれることがあれば、心からうれしく思う。違う意見や感想でもかまわない。それは遠い国へ一人旅をしているときに出会った誰かと心を通じ合わせたり、それによって視野が広がり、その国への理解を深めたりするのと似ているかもしれない。

今日もまた「本が好きなのですね」と言われた。好きなのです、とわたしは答える。本には未知の世界への扉があるし、いい本は瞬時にいろいろ興味深い場所へとトリップさせてくれるし、夢も希望もあるし、力を抜くことができるから、とわたしは言う。力を抜く、ということが大事だ。力を入れるのは簡単だけれど、抜くのは意外に難しい。睡眠中だって体に力を入れて小さく縮こまり、歯を食いしばっていたりする。本を読むときくらいは力を抜こうと思う。月を眺めるときのように、陶然となって、果てしない気持ちになれるものを読みたいと思う。

「本が好きなのですね」という人のうち、三分の一くらいはその人も本が好きで、いま自分が読んでいる本について教えてくれる。それはその人を知るきっかけになる。

「本棚は冷蔵庫に似ている。中身をみれば、生き方や、好みがわかる。暮らしが想像できる。そのひとが何でできているかも、わかるかもしれない」

前著『月の本棚』（書肆梓 二〇一八）の冒頭で、わたしはそのように書いた。

『さよならまでの読書会　本を愛した母が遺した「最後の言葉」』　ウィル・シュワルビ著　高橋知子訳
（早川書房 二〇一三）

＊

昨晩は不思議な本を読んだ。『夜の舞』（イサアク・エサウ・カリージョ・カン）と『解毒草』（アナ・パトリシア・マルティネス・フチン）。二人のマヤ文学作家の作品が一冊になっている。二人は二〇一七年と二〇一八年に急逝している。

なんとなく、大好きなグレゴリー・コルベールの『ashes and snow』の書簡小説的な世界かと思って読んだら違ったが、夢か現か幻かわからない話が綴られていた。こちらの世とあちらの世とを行き来する、能の世界のようでもあった。『夜の舞』は音読で、耳から聞こえる言葉と音とダンスにしてもう一度、体験してみたいような小説だった。『解毒草』には詩を感じた。これは詩なのかもしれない。マヤ文学というものは初めてで、読んでいると、なんだかいつもと違うふうに体が反応する。夜、枕元で誰かに読んでもらいたい。そうして、子供のように眠るのだ。

マヤ語で蛙はウォーと鳴き、フクロウはトーと鳴いた。オノマトペがよかった。それでわたしは大正生まれの伯母のことを思い出した。子供の頃、よく本を買ってくれた伯母だ。行書体で綴られていた（ゆえに子供にはほとんど解読できなかった）手紙の最後にいつも、「伊豆の山姥」という署名があった。それだけは読めた。山姥は、伯母が好んで贈ってくれた日本の昔ばなしの本によく出てきたが、旅人を泊めて夜中に包丁を研いだりするような山姥と伯母は、わたしのなかで、あまりつながらなかった。伯母はあるとき、職場の人たちに、それと知らされず蛙を食べさせられたのだと言った。彼女の住んでいたところの近くには、大きな蝦蟇《がま》も、小さな雨蛙も、たくさんの蛙がいた。たまに玄関にも入ってきた。「食事を終えて帰ったらね、蛙がウォーと鳴いているのよ」と彼女は目を瞠《みひら》いたあと、鼻にしわをよせてチャーミングに笑った。それがなんだかすごくおかしくて、一緒に大笑いしたことを思い出した。

『夜の舞・解毒草』　イサアク・エサウ・カリージョ・カン著　アナ・パトリシア・マルティネス・フチン著
吉田栄人訳（国書刊行会 二〇二〇）

小説と日記のあわいに遊ぶ

西荻窪の雑貨店FALLの店主、三品輝起の『雑貨の終わり』(新潮社)を、並びの今野書店で発売後まもなく手に入れた。前作『すべての雑貨』(夏葉社)がとてもおもしろかったので。

いつのまにかすべてのものが雑貨化する現象が、あちこちで起こっている。パンもだ。パンも雑貨化し、ライフスタイルショップの片隅やフェスで、ファッションアイコンとして、お土産として、かわいいものとして、キッチュなものとして、売られている。そういえばわたしはFALLでパンを買ったことがある。それは日々の糧としてのパンではなかった。わたしはそのとき、バラの花を模した渦巻きクリームパンを、雑貨でも買うように手にとったのではなかったか。

二〇〇〇年、ＩＴ革命と同時にインターネット上のパンの情報をカテゴライズし、膨大なリンク集をつくり、そのなかにみずから両手をひろげてダイヴして、おいしいパンとその周辺にいる人々について、つかめるだけつかんで取材執筆の活動を始めたわたしが、どきっとしながら読んだのはここだ。

「パンブーム、パン好きといったナンセンスな言葉が巷で飛び交い、地元の人からすれば、なんでこんな裏道の小さなパン屋に人だかりが、という光景が全国にあらわれてきたのは、インターネットがパン界の情報を整理整頓していく過程と軌を一にしているはずだ。もちろんネットはすぐにその行列情報も吸いあげてしまうので、小さなブームがブームを呼び、いたるところで人気のフィードバックがおこる。そしてブームの連鎖が、ある平衡に達したところをかいつまんでいけば、容易に有名パン屋のカタログを手にいれることができる」

ナンセンス――。そうなのかもしれない。ブームと呼ばれるものの正体について、読売新聞オンラインに寄稿したことがある（「ブームとは言えない？　パン人気の裏側」）。インターネットの普及で、消費者からも発信されるようになった情報は光速で拡散、共有され、パンはレジャーになり、サークル活動やイベントになり、楽しみや癒しに、写真映えのする雑貨にもなっていった。それが尽きることのないパンブームの正体なのだった。

週末、下北沢の線路跡地、BONUS TRACKで本を眺めたり、買ったりした。「本屋B&B」をはじめ「日記屋月日」「発酵デパートメント」など、魅力的な名前の店で本を眺めた。いま、書店が個性的になっているのと同時に、書店でない店でも本が売られている。そういえばここ数年、ベーカリーでも本を売っている。コンビニというかライフスタイルショップというか、本や花や食器を揃え、セレクトショップ化するベーカリーもある。それもすべて雑貨化現象の一つの例なのかもしれない。

三品輝起の本で、雑貨や雑貨化の話よりも魅力に感じるのは、ノンフィクションがいつの間にかフィクションになっているような、やはり現実かもしれない、どちらかわからないけれど、どちらでもいい、と思えるその文章だとわたしは思う。たとえばスティーヴン・ミルハウザーの小説や、ミランダ・ジュライの映画のように、現実がいつの間にか超現実にすり替わるような不思議な感覚を、わたしは、自分が読む本に求めているのだと思う。フィクションとノンフィクション、小説と日記、書店と雑貨店、パンと雑貨、現実と非現実、その境目がぼやけて溶けかかっている。それを目撃して体験している。ちょっと呆然としてしまう。果てしない気持ちになる。月を眺めているときみたいに脱力する。それは、悪くない感じだ。

『雑貨の終わり』三品輝起著（新潮社 二〇二〇）
『すべての雑貨』三品輝起著（夏葉社 二〇一七）

＊

夜になって、捜しものをする悪い癖がある。あっちでもない、こっちでもない、と重い箱を出しては、開け閉めする。捜しているのは本だ。わたしは最近まで本棚を持っていなかった。本はそれまで、すべて箱に詰めてあった。本箱といえばいいのか。そのため、本を捜すときには、トランプの神経衰弱のようになった。箱にラベルをつければいいのにと言われるが、いまだにしていない。そのとき捜していたのはポール・オースターの『冬の日誌』。ポール・オースターが好きで、訳者の柴田元幸が好きで、表紙の写真「WASHINGTON SQUARE, NEW YORK, 9 JANUARY 1954」(André Kertész)が好きだった。雪の日のワシントンスクエアだ。昔、メトロポリタン美術館で買ったカードのセットのなかで、いちばん気に入っている写真だったから、この本の表紙で再会したときにはとても、うれしかった。

オースターが自らの生い立ちを小説家の視点で客観視し、自分を「君」と書いて、子供の頃からの自分の人生を振り返るのが、『冬の日誌』だ。六十四歳の彼が人生の冬に入ったところだとしたら、わたしはいま秋にいるのだろう。人生七十年だとしたらもう冬に突入だ。いつ人生が終わるかなんてわからない。そんなことを思った夜に、ふと読みたくなった。

オースターがいままでに暮らした二十一もの住所をあげて、そこで起こったことが書かれているのを、いまならGoogleのストリートビューを見ながら読むことができる。ブルックリンのレンガの建物は、十九世紀からずっとそこにあるだろう。そのなかのひとつ、キャロル・ストリートのアパートに住んでいたときの記述に、オースターの妻シリが夫に贈った詩が差し挟まれている。静かな夜に、こんな詩を読みながら眠りたいと思う。

「ベッドのなかでわたしはあなたにおはなしを贈りたい、老人たちが死んだあとに月を空に吊すおはなしを、そうしたら月はあなたの頭上で永遠に輝くだろう、たとえ自分の光を持たずに借り物の周期的な光しかなくても輝くのをやめはしないだろう。わたしはその月をもらう、借りること盗むこと、大から小へ変わることを。ごくちっぽけな月、冬の雲の陰に隠れた薄くて弱い月、そんな眺めをわたしは選ぶ」

『冬の日誌』にはたくさんの女性が出てくるが、シリについて書いたところが好きで、どこか憧れるような気持ちで読む。若い頃の恋愛は相手を理解せず、自分勝手に想いを投影し、相手を都合のいいように捏造する。けれどシリに対してはそうならなかった。彼女に幻想を抱いたり、錯覚したり、つくり上げたりする余地はなかったし、彼女は賢かった。知性こそ唯一装いえない人間の特性である、とオースターは書いている。

回想は時系列ではなくて、少年時代から現在までの直線（曲線かもしれない）を行ったり来たりして円環するように語られる。それは彼が体感し、身体に、脳内に記されている彼の歴史だ。現在の彼の内部に、過去の彼も同時に存在している。読むうちにオースターの素顔が浮き彫りになってくる。戸惑いや怒りや失望があったときも、なんとなく可笑しみ、ユーモアが感じられるところが好きだ。あと数秒、数センチずれていたら人生がそこで終わっていたかもしれないような事件もいくつかある。オースターのノンフィクションは、フィクションよりも奇跡が起こる。人生は奇跡の連続。それを書きとめるのがオースターなのだ。そういえばオースターの本で、嘘のような本当の話がたくさん書かれた本があったことを思い出し、わたしはまた本箱を探り始める。

『冬の日誌』ポール・オースター著 柴田元幸訳（新潮社 二〇一七）

*

ポール・オースターが作家になったのは、いつもポケットに鉛筆を入れていたからだ、という話がわたしは大好きだ。彼は八歳のとき、初めて大リーグの試合に連れていってもらった。そこでニューヨーク・ジャイアンツの憧れの選手、ウィリー・メイズに声をかけるという夢のようなチャンスが巡ってきたのに、そのとき彼のまわりにいた誰も、書くものを持っていなかったのだ。それゆえサインをもらい損ねるという、非常にくやしい経験をした。その日以来、彼はいつも鉛筆を持ち歩くようになった。

「ほかに何も学ばなかったとしても、長い年月のなかで私もこれだけは学んだ。すなわち、ポケットに鉛筆があるなら、いつの日かそれを使いたい気持ちに駆られる可能性は大いにある。自分の子供たちに好んで語るとおり、そうやって私は作家になったのである」

この話が書かれているのは『トゥルー・ストーリーズ』の「なぜ書くか」で、この本では、オースターの周辺で起こった偶然の一致、「事実は小説より奇なり」を思わせる出来事の数々を読むことができる。そして、この本がアメリカで二〇〇二年に出版されたことをきっかけに、オースターがいつも鉛筆を持ち歩くようになってから実に半世紀以上の時を経て、正真正銘のウィリー・メイズにサインをもらえるという感動のトゥルー・ストーリーがあるのだが、わたしはその驚きの後日談をどこで読んだのか、またしても本の捜索をしなければならなかった。結局それは、翻訳者の柴田元幸の著した『ケンブリッジ・サーカス』のなかでの対談「少年の旅――ポール・オースターとの対話」だということがわかった。読書の連鎖は終わらない。

ちなみに『トゥルー・ストーリーズ』に収められているのは、偶然の一致による不思議な話ばかりではない。フランス人アーティスト、ソフィ・カルのために書かれたニューヨーク暮らしの改善法「ゴサム・ハンドブック」というのがある。

その改善法の一つに目がとまる。そのとき、偶然の一致が本からこぼれ落ちてきたような気がした。わたしはそれを夫に朗読した。

「都市のなかのある一点を選んで、それを自分のものと考えてみること。どこだっていいし、何だっていい。街路の一角、地下鉄の入口、公園の木。そこを自分の責任として引き受けること。そこを清潔に保つこと。美しくすること。自分という人間の延長物、自分のアイデンティティの一部と考えること。自分の家に誇りを持つのと同じようにその地点に誇りを持つこと。

毎日同じ時間に自分の地点へ行くこと。一時間のあいだ、その地点に起きることをすべて観察し、その前を通り過ぎたりそこで立ち止まったり何かしたりする人すべての動きを追うこと。メモを取り、写真を撮ること。こうした日々の観察を記録にまとめ、人間について、もしくはその場所について、あるいはあなた自身について何か学べるか見てみること。そこに来る人たちに微笑みかけること。可能な限り、声もかけること。言うことが何も思いつかなかったら、まずは天気の話を」

なぜ朗読したかといえば、その一週間ほど前から毎朝、夫と公園に行って、ごみ拾いをしていたからだった。夏に愛犬を亡くしたあと、日々襲ってくる不在の存在感から逃れるように、わたしたちはコーヒーを持って公園に出かけ、ベンチで朝食をとるようになった。そこにもし、ごみが落ちていたら、それを避けてほかのベンチにすわった。公園にはさまざまなごみが落ちていた。清掃の人たちは、片付けても片付けても捨てられているごみに、うんざりするのではないかと思った。朝食が終わると、鳥や植物の名前を覚えながら、上水沿いの緑道を歩いて帰ってきた。橋の名前も覚えた。美しい場所だ。

それがひと月ほどつづいたある日、清掃の人ではないが、楽しそうにごみ拾いをしている人を見かけ、挨拶をきっかけに少し話した。ぼくも最初は犬の散歩をしたり写真を撮ったりする側だったんですけどね、と彼は言った。そして、大切な人を亡くして、しばらくしてからごみを拾うようになったことを話してくれた。元世界チャンプが何十年もごみを拾いながら歩いているので有名な公園だった。その人の背中をいつも見ていて、すごいなと尊敬していたけれど、自分で拾うまでには十年かかった、と彼は笑いながら言った。こういうことにはタイミングがあるのかもしれない。

その日、わたしたちはずっと彼の話をしていた。そして実行に移した。ごく自然な流れだった。午後、ホームセンターで長いトングを買い、背負えるようにストラップを付けて、わたしたちは翌朝からごみ拾いを始めた。彼はわたしたちにごみ拾いを勧めたわけではなかった。たぶんずっと前からあった潜在意識が表面化したのだ。

自分の居場所が自分の手で見映えよくなるのは、うれしかった。メモこそ取らないけれど、いろんな人がいて、いろんなことがある。自分がしたくて勝手にやっているだけのことなのに、毎朝、知らない人に感謝される。犬を連れていなくても、笑顔の挨拶がかわされる。ここはニューヨークではなくて東京だけれど、毎朝のごみ拾いは悪くなかった。むしろ、いいことしかなかった。それがいまもつづいている。

これはわたしのトゥルー・ストーリーズ。

『トゥルー・ストーリーズ』ポール・オースター著　柴田元幸訳（新潮社 二〇〇四）
『ケンブリッジ・サーカス』柴田元幸著（スイッチ・パブリッシング 二〇一〇）

6

無声映画とキャッツテーブル

表紙のモノクロの写真に目がとまった。少年たちが映画館らしき建物の前で、夏の犬みたいに退屈そうにしている写真。

「今では雪になっている母に」という献辞に惹かれた。つづいて「問うべきは死後に人生があるかどうかではなく、死ぬ前に人生があるかどうかである」という一行目にノックアウトされた。

炭鉱の町で生まれたフリオは大人になって、母親が遺した三十枚の写真から、人生最初の十二年を回想する。それが『無声映画のシーン』という短編小説のひと連なりになっている。子供のときの十二年は長い。フリオの少年時代は、映画館の入り口でポスターを眺め、空想にふけることで過ぎていった。大人になった彼が眺めている写真は、そのポスターのようなものだ。写真を眺める現在と、写真に写った過去をたゆたいながら編まれた物語は、いつしか読む人の記憶のスクリーンで映像となって再生され始める。本のなかにそれらの写真はないし、一九五〇年代から六〇年代のスペインの小さな炭鉱の町の情景を知る読者はそういないだろう。にもかかわらず、わたしたちは少年の目を通してありありと、それを観ることができる。

女の子との初めてのダンスのシーンはロマンティックだ。子供はダンスホールには入れないから、ホールの建物の裏手の丘まで漏れ聞こえてくる音楽で踊るのだ。月が山の上で銀貨のように輝いていた夜、少年は女の子を誘い、丘の上で、ダンスホールで踊る本物のカップルみたいに踊る。心のなかで「永遠に終わらないで」と願うけれど曲は終わり、いつのまにか女の子も消えている。そのとき、生まれてはじめて時間が過ぎ去っていくことを実感し、少年は無力感に打ちひしがれる。せつなさと過ぎゆく時間とは、この小説の大切な要素だ。

「永遠に終わらないで」と願うのは、終わることがわかってしまっているからだ。それをひきとめようと思えば思うほど、時間は速く流れる。そんな時間の法則を思い知り、せつなくなるのが人間なのだ。
高速で車を運転していると、景色や反対車線の車は、「瞬時に通過する美しい色のシミ」となって遠ざかっていく。「休むことなく人生を歩み続けている場合も、きっと同じことが起こるのだろう」とフリオは思う。
その目眩のような感じに憶えがある。年齢をかさねると、その感覚がリアルになってくる。そんなだからフリオの回想にシンパシーを覚えるのだろう。

「こちらが気づかないうちに、時間は速度を増し、ぼくたちの人生と同じようにどんどん過ぎ去っていく。しかし、ある日、ハイウェイの横に広がる風景を眺めようと車を停める旅人のように、ぼくたちは立ち止まる。そのときはじめて、自分がどれほどの距離を走り、いかに多くのものを失ってきたかに思い当たるのだ」

見世物一座のアザラシ男、バルバチェイの話がある。大勢の観客の前で、彼は顎で、椅子にすわったフリオを持ち上げた。

「ぼくは宙に浮かんで、空中をふわふわ漂っていたが、その間、宣伝用ポスターに描かれている顎の上に載った地球のように、時間がぼくの手の中で止まっていた。あの夜は、ぼくの人生でももっとも華やかな一夜であり、当時のもっとも鮮烈な記憶として残っている。

しかし、人生はくるくる回っていく。ぼくが**バルバチェイ**の顎の上で宙に浮かんでいるときに地球が回転したように、人生はくるくる回転している。そうして回転しているうちに、時に人生が、古い写真のように忘れ去っていた過去の思い出を目の前に突きつけて、ぼくたちをびっくりさせることがある」

その先を読む者の目の前には、打ち捨てられ、イバラに覆われたアザラシ男バルバチェイの興行用の車が映し出される。そこには過ぎゆく時間が重く横たわっている。フリオは、椅子にすわった自分も、地球をも顎に載せて回すことができた、あの逞しいバルバチエイが、時間の重みには耐えられなかったことを思う。

「移ろうもの、束の間のものをとどめるには、何かをじっと見つめなければならない。何かとは地平線をよぎる雲であったり、遠ざかっていく犬、風に舞う新聞紙といったものであったりするが、いつの日か記憶の中からそうした瞬間を救い出してやれるように、記憶に刻みつけておく必要がある」

移ろうものを保存しておくために写真がある。フリオは母親が遺した写真を眺める。写真には誰かが残したい、残りたいと思った瞬間のいろいろな画像が保存されている。誰なのかわからない写真もある。

「彼らが誰なのか思い出せないし、彼らが誰で、何をし、死んだのかどうかさえ分からないが、写真がある限り彼らは生き続けていくだろう。というのも、写真は星のようなもので、たとえ彼らが何世紀も前に死んだとしても、長い間輝き続けるからだ」

うちの実家にあった膨大な写真を整理するとき、誰なのかわからなかったら捨ててもいい、というルールがあった。あれは星屑の最後の輝きだったのだ。

記憶なんて実態のないようなもの。ほら、と取り出して見せることができないものだけれど、写真は過ぎ去ってしまったそのひとときを思い浮かべるよすがとなる。写真整理をする手は何度も止まる。誰かに語りたくなり、誰かの話を聞きたくなる。やはり自分は写真が好きなのだと思う。写された瞬間をゆっくり味わわずに走り去ってしまっていたとしても、終わらないでと願っていたとしても、その瞬間が消えてしまった星みたいなもので、写真がその残像なのだとしたら、と思うと果てしない気持ちになって、どうしても手が止まってしまう。

『無声映画のシーン』 フリオ・リャマサーレス著　木村榮一訳（ヴィレッジブックス 二〇一二）

＊

『名もなき人たちのテーブル』も、著者と同名の少年が主人公の小説だ。十一歳の少年がセイロン（イギリスの植民地。現在のスリランカ）からイギリスまで、大型の船で二十一日間の一人旅をする。何年も離れていた母と再び一緒に暮らすためだ。タラップをのぼるとそこはもう、ひとりの大人として扱われる世界だ。けれど少年にとって、船旅は移動遊園地のようなもので、ワクワクする気持ちが止まらない。少年たちは船のなかを走り回り、観察をし、耳をすませ、よいことも悪いことも体験し、そのまま吸収する。少年の視点には何のフィルターもかかっていない。人を疑わず、見聞きしたありのままに受け取る純粋さがある。

その船「オロンセイ号」はタイタニックみたいな……と、船に疎いわたしは一瞬、思い浮かべたのだけれど、調べてみるとタイタニックよりずっと小さかった。それでも七階建てでプール付き、乗員六百人以上という大型船だ。

「夜な夜なパーティーで、ばかでかい動物のお面をかぶって千鳥足でうろつくおとなたちや、スカートを派手にひるがえして踊る女性たち。ステージではマザッパさんの参加する船上オーケストラが、おそろいのプラム色の衣裳を着て音楽を奏でていた」

マザッパさんはジャズピアニストで、少年と食堂のテーブルを共にし、仲よくなった人だ。タイトルの「名もなき人たちのテーブル」(The Cat's Table)とは、食堂の末席のことを指す。食事のたびに顔を合わせる人々のなかには、同年代の男の子が二人いて、映画『スタンド・バイ・ミー』(アメリカ 一九八六)を彷彿とさせるような、悪ガキグループが結成される。ほかには仕立て屋、植物学者、鳩を連れた女性など個性的な面々。

「オロンセイ号におけるうちのテーブルの位置づけは相変わらず最低で、一方、船長のテーブルの連中は、いつも互いにちやほやしあっていた。それは僕がこの旅で学んだ、ちょっとした教訓だった。面白いこと、有意義なことは、たいてい、何の権力もない場所でひっそりと起こるものなのだ。陳腐なお世辞で結びついた主賓席では、永遠の価値を持つようなことはたいして起こらない。すでに力を持つ人々は、自分でつくったお決まりのわだちに沿って歩みつづけるだけなのだ」

おもしろいのはこのキャッツテーブルの人たちばかりではない。オロンセイ号は同時に、鳥も犬も囚人も運んでいた。旅芸人がいて、呪いをかけられたせいで瀕死の大富豪がいて、耳の不自由な少女がいて、覆面捜査官がいて、泥棒の男爵がいる。ただし彼らは少年の空想の世界の住人ではない。リアルに興味深いキャラクターの人たちなのだ。脇役のようでいて、誰もが主役級の濃い人生を生きている。

イギリスで教師になるために乗船していたフォンセカさんという文学者が、わたしには魅力的に思えた。彼は礼儀正しく控えめで、さまざまな本の文章を暗記していて、部屋を訪ねてきた少年を、おもしろい話でもてなしてくれた。その話を途中でやめて、つづきを考えさせることもした。

「彼には、自分の求める生き方を選んだことによる穏やかさがあった。そして、そんな穏やかさと確信は、本という鎧で身を守る人にだけ見られるものだった」

少年にとってよくも悪くも、出会ったすべての人が「真似ぶ」ための教師なのだとしても、フォンセカさんは本物の教師だった。船を降りた少年は、フォンセカさんの人生のつづきを想像する。

少年の二人の友だちの性格は真逆ながら、どちらも彼の人生に大きな影響を与える。影響力――。彼らは権力に対しての好奇心を持たない。人生を変えるのはいつだって、このテーブルで会うような名もなき人たちなのだとわかっている。彼らにとって客船は移動する遊園地であり、探検する島であり、夢のような祭の日々だが、それはこの現実世界の縮図でもある。彼らはいたずらの延長線上で、シリアスな事件や危うい犯罪にもニアミスする。そして、恋もする。

オロンセイ号には少年の美しい従姉も乗り合わせている。彼女を慕う感情の動きと戸惑いは、初恋そのものだった。『名もなき人たちのテーブル』でいちばん好きな一節がそこにある。

「僕のなかに息づくそれは、喜びなのか、あるいは悲しみなのか。それがあると、水のようになくてはならないものが欠けているみたいだった」

わたしは、欲望をこんなに美しく表現する言葉を、ほかに知らない。あると気づくことで、欠けていると気づくなんて。

人生の貴重なひとときを共有した人たちが船を降り、それぞれの道をゆき、少年は少し大人になり、ずっとあとにもっと大人になり、明らかになっていくことがあった。かつての少年が語る物語は、オロンセイ号という舞台を降りてからも、ずっとつづいていく。

『名もなき人たちのテーブル』マイケル・オンダーチェ著　田栗美奈子訳（作品社　二〇一三）

マイ・ブックショップとブラッドベリ

彼女は言った。人は本を読んでいるとき、物語のなかに住む。本という家のなかで暮らしている、と。彼女がなによりも愛したのは、物語のあとにつづく、鮮明な夢を見ているようなひとときだった。

映画『マイ・ブックショップ』（スペイン・ドイツ・イギリス合作二〇一七）は、そんなナレーションで始まる。本好きのための映画だ。そして、どちらかというと過激な終わりかたをする。観終わって、釈然としなかった。

書店の映画で思い出すのは、メグ・ライアンとトム・ハンクスが演じた気楽なロマンチック・コメディ映画『ユー・ガット・メール』（アメリカ　一九九八）。そういうのを期待すると、約束が違うように感じるのだった。約束なんてされていないのに。その約束とは何かと考えてみれば、どうやら、アメリカンドリームらしい。あるいは日本昔ばなし。勧善懲悪、胸のすくような、気持ちのいいどんでん返しの約束を、わたしは期待していたのかもしれなかった。現実はそんなに甘くない。でも、だからこそ、書店を開いたフローレンス（エミリ・モーティマー）と、孤独な老紳士ブランディッシュ（ビル・ナイ）のシーンが印象に深く残るのだった。共有する時間が少ないふたりの、共有する読書という避難所。海辺のシーンがせつなかった。

映画を観てまもなく、那須の心地いいカフェ、1988 CAFE SHOZOの上にある古書店で、レイ・ブラッドベリの『たんぽぽのお酒』を見つけた。それは店に入ったとき、最初に目に飛び込んできた。フローレンスがブランディッシュに送るも、読むことの叶わなかった本。夏の本だけれど、年越しの本にしよう、と思った。

その年末、結局この本は最初の数ページをのぞいて、読まずじまいだった。『たんぽぽのお酒』は夏がいっぱい詰まった本のようだったから、夏まで寝かせておいてから読むことにした。それで、同じブラッドベリの『華氏４５１度』を先に読んだ。映画『マイ・ブックショップ』のなかでは、重要な位置づけにある本だった。

華氏451度は摂氏にすると232・8度。クッキーを焼く温度よりずっと高い。この温度になると紙が燃え、本が燃える。『華氏451度』は本が禁制品となって、どんどん焼却されるという近未来の物語。そこに出てくるファイアマンたちは、ファイアマンではあっても消防士ではなくて、昇火士と訳された。水や消火器ではなく、昇火器を持って炎で本を焼いていくのだ。

水牛の頭蓋骨が飾ってあるバーで、ワイルドターキーを飲みながら、わたしは『華氏451度』を読んだ。炎や焼ける紙の匂いを身近に感じながら。これまでブラッドベリをちゃんと読んだことがなかったなんて、ずいぶんもったいなかったし、生きているうちに読めてよかった。なによりこれが一九五〇年代に書かれた小説であることに驚いた。七十年後のいまでもまったく問題ない。それは古典、クラシックということなのだろう。クラシックはいつも新しい。ずっと読み継がれていく。

『華氏451度』レイ・ブラッドベリ著　伊藤典夫訳（早川書房二〇一四）

＊

そして再び、クラシックということを感じたのは、夏になって、いい具合に熟成された『たんぽぽのお酒』（そもそも古書店で手に入れたのだ）を読み終えたときだった。

「風が編んだり、解いたりした、潮の流れのような小麦のなかを、いるかさながらに跳びはねていた夏の犬たちはみな、どこへ、いったいどこへいってしまったのだろうか？」

そこには夏が満ちていた。読むべきときがあるとすれば、十代の夏に読んでいたかった。それから夏が来る度に何度でも読んで、毎回新しく感じてみたかった。

ブラッドベリの少年時代の、アメリカ・イリノイ州の小さな町の夏を想った。彼はこの本を書いたとき三十七歳くらいだったはずだが、ほとんど十二歳の少年に戻って書いたのではないか。章立てされず、すべてがひとつづきになっているけれど、それは町の人々を描いたショートストーリーズの集まりで、短編集でもありえた。

この本の冒頭で夏が始まったとき、十二歳の少年は自分がいま、まさに「生きている」と実感する。夏は地球上の生命がにわかに活気づく季節だ。でも、少年の周辺にはいくつもの老いと死があり、それらは避けられないものだった。彼は身近な人たちとの別れをいくつか経験する。夏が終わる頃になると、「生きている」という感じはそのままあるにせよ、それは「自分もいつか死ぬ」という実感に変化している。

そしてわたしはどうやら、少年よりも年老いた人たちに注目して読んでいたらしかった。

家族に囲まれて生きてきた「おおおばあちゃん」（曽祖母のことか）は、亡くなるその日にも家族に囲まれながら、少年に言う。

「だれでも指の爪の切り屑をとっておくような人は馬鹿よね。蛇が脱け殻をしまっておこうなんて心配しているところを見るものかね？　おまえが今日ここで、このベッドの中に見ているのは、指の爪や蛇の脱け殻なのよ。（中略）家族を持っている人でほんとに死んだものはかつて一人もないのよ。これからも長い間、わたしはお前たちの近くにいるのさ」

おおおばあちゃんと違って未亡人のベントレー夫人には執着があった。近所の子供たちの誰もが、ベントレー夫人にも自分たちのように若い時代があったことを信じない。最初からいまのようにおばあさんだったと思っているので、夫人は若かった頃の写真や装飾品を女の子たちに見せるのだが、それでも信じてもらえないどころか、奪われてしまう。そこは結構、残酷だ。からっぽな気分になった夫人は、亡き夫の言葉を思い出す。

「おまえはいつも、今晩おまえが現にある一個の人間であろうとするよりも、過去にあった物ごとになろうと努めているね」

夫人は七十二歳のいまを生きようと心に決め、子供たちに手伝ってもらって、「彼女のまわりに太古の動物園の呼び物のようにうずくまる、暗く醜い、いくつかのトランク」のなかにある品々を整理する。この話はおおばあちゃんの話となんとなく似ている。気づきを得るのは、子供ばかりではなく若者も、老成した人たちもで、生きているというのは、そういうことなのだ。

三十一歳の新聞記者、ウィリアムと恋人同士になる九十五歳のミス・ヘレン・ルーミスの話は、すごくロマンティックで好きだった。ヘレンは自分の体を鱗と襞ばかりの竜に喩え、自分はその竜のなかに幽閉されてしまった白鳥だと言う。ふたりは日々、食事やお茶やお酒の時間を共にし、語り合う。ヘレンが語るのは旅の話だ。かつて独りで旅した世界中へ、今度はふたりで出かけていくのだ。例えばカイロ。ヘレンの話に耳を傾けながら、長椅子に腰掛けてくつろぐウィリアムの気分になって、読んでいてほとんど陶然としてしまう。

「時間は、宝石と、裏通りと、エジプトの砂漠から吹く風のなかを過ぎていった。太陽は金色で、ナイル河がひたひたと三角州に打ちよせているあたりはぬかるみだ。ピラミッドの頂上では、とても若く、とても機敏な何者かが、哄笑し、彼に日陰の斜面を登って陽光のなかへと出てくるように呼びかけている。彼のほうはいま登る最中で、最後の段を昇るのを彼女が手を下に伸ばして助けてやり、それから二人は駱駝の背中で笑いながら、大きく伸びたスフィンクスの巨体をさしてゆるく駆けてゆく」

こうしてストーリーを説明をしていて気がつくのは、登場人物の年齢がいつも明記されていることだ。年齢なんてどうでもいいと普段は思っているけれど、『たんぽぽのお酒』ではわりと重要なのかもしれない。

物語はわかりやすいが、不意に終わることもある。つづきが書かれていない。あとになって、あれはきっとこういうことだったんだな、と想像するとか、あるいは読み直して答えを探してみるのもいい。何年かして読み返すと、物語の筋道は、自分が思っていたのと少し違っているかもしれない。自分も年齢をかさねていくので、心に触れる箇所も、そのときどきで変わってゆくのだろう。

読むのは夏だ。『たんぽぽのお酒』は夏の日に読むのにぴったりの物語だ。きっと何年かあとの夏にも、また。

『たんぽぽのお酒』レイ・ブラッドベリ著　北山克彦訳（晶文社 一九七一）

アメリカの路上で

アメリカのイメージを聞かれたら、何と答えるだろう。最初に持ったイメージは何だっただろう。子供の頃、実家の上空を基地へと轟音で飛び、窓ガラスを鳴らした軍用機だろうか。ラジオで聴いていたＦＥＮ（米軍極東放送網。現在はＡＦＮに統合）だろうか。アメリカ製の大きな冷蔵庫が家に届いて母が喜んでいた日のことを憶えている。大きさと豊かさ。そして映画や音楽によって、憧れがふくらんでいった。それは、わたしの生きてきた時代のひとつの側面である。

「二〇世紀以降のアメリカは、世界中に軍隊を配備し、その政治・経済・文化的力を駆使して、大きな影響を及ぼしつづけている。『自由』や『民主主義』のイメージはいうまでもなく、話し方やプレゼンテーションの仕方、正義のあり方や社会問題の立て方、学問的分析や解釈の方法、概念装置、食や健康の様式、生活時間帯や瞑想の流行、コンピュータやタブレット等の仕事道具、検索サーヴィス、ニュースやドラマや映画といったコンテンツ消費のプラットフォームなど、人生のあらゆる局面に『アメリカ』が顔を出すかのようだ。そのことの副産物として、アメリカがあたかも世界の中心にあるかのようにイメージされるということが起こる」

だから人類学者の中村寛と写真家の松尾眞は、フィルターのかからないアメリカを見て、そこで出会った人たちと話してみるために、下調べをせず、誰と話すかを選ばず偶然にまかせ、出発地とゴール以外は決めずに旅に出た。車で移動して、車を降りては人と話をして、日記形式で『アメリカの〈周縁〉をあるく　旅する人類学』を綴った。出会った人のなかには、先住民族の末裔の人々も少なくなかった。ニューメキシコ、ハワイ、アラスカ、ミネソタ、サウスダコタ。地理的にもまさにアメリカの周縁だ。サウスダコタは北米大陸の真ん中の「グレートプレーンズ」と呼ばれる大平原の広がるあたりだが、正確にどのあたりと思い浮かべられる人はそう多くはないだろう。
わたしは学生時代、留学先のサウスダコタで、ハッタライト（Hutterite）のコロニーを訪ねたことがある。二世紀くらい昔の服装のまま、男性はサスペンダーをつけ、女性はボンネットをかぶり、ロングスカートで、自給自足の共同生活を営む、ドイツ語を話す人たちだった。会話ができなかったけれど、わたしたちはドイツ語の歌で交流した。そのことを思い出した。近代化から取り残されているのではなく、自ら拒否している人たちもいるのだ。

近代化を、アメリカ化と言い換えることもできるかもしれない。それにより失われてしまったもの、失われるのではと危惧されるもののことを、中村は繰り返し書いている。雄大な自然の風景には死を、先住民族の祭には音楽の起源や一期一会を想う。その言葉に気づかされる。共感することがたくさんある。

「通信手段や交通網が全地球を覆い尽くすことによって、いつでもつながり、会うことができるという幻想が猛威をふるう現在でも、次にまた実際に会える保証はどこにもない。だから、この場所でのこの瞬間を、最大限に慈しむ」

中村らは旅人として、その土地の人々の家に食事に招かれるなど、損得勘定抜きのもてなしを受ける。時間と興味がたっぷりあって、それを受ける準備ができているからだろう。一度限りとなりそうな関係性でも、あるいはだからこそ、土地の人々の「いま」「ここ」にかける想いの密度が濃い。それは旅人にとっても同じことなのだろう。

一期一会。それと同じような感じが、ハワイのフラダンスやニューメキシコのバッファローダンスにも通底している。譜面に記されたり録音されたりするものではなく、そのとき、その場所でだけ伝えられる音楽の凄さだ。バッファローダンスは写真を撮る人も拍手をする人もいなかったという。能のようだ。歌と踊りをじっと見守る人々の静かな視線。そこに漂うもの。起こっていること。

「もはや画像や映像が日常生活どころか身体の一部となり欲求や欲望へと生成し、撮ったものや撮られたものを通じてしか人は熱狂も堪能もせず、写されたもののなかでしか快楽や悲痛を覚えず、記録されたものでしか記憶を推し量らず、食事も祝祭も饗宴も（中略）ありとあらゆるものを記録し披露せざるをえない時代にあって、記録に依存しない記憶の様式を問いなおすことの意義は大きいように思えた」

検索しても出てこないモノやコトをノートに書きながら、アメリカを横断する。そんな旅をしてみたいと思う。今や、iPhoneを持たずに旅をすることは、不可能に近いような気もするけれど。

最初に、アメリカのイメージを「大きな冷蔵庫」と書いたが、本で読んだアメリカの最初のイメージは、ローラ・インガルス・ワイルダーだったと思う。『大きな森の小さな家』をはじめとする『大草原の小さな家』『プラム・クリークの土手で』『シルバー・レイクの岸辺で』のシリーズだ。小学校の図書館で見つけて魅了され、クリスマスに買ってもらった。大好きだった。雪の上にメープルシロップを垂らしてキャンディーにする話にどれほど心を奪われたことか。チャールズ（父さん）は家を建てるし、狩りをする。毛皮を売りに町に行く。熊や狼から家族を守る。ヴァイオリンを弾いてくれる。大工でも猟師でも毛皮商人でも警官でもないけれど、それができた。キャロライン（母さん）は畑仕事や料理はもちろん、服を縫うこともできる。すべてがアウトソーシングされる前の、それは西部開拓時代のアメリカの、いまでは大変な昔話だ。

二〇一八年、米国図書館協会で「ローラ・インガルス・ワイルダー賞」を児童文学賞の名から消すことが決まった。作品のなかに反先住民、反黒人の感情が含まれているからだという。『大草原の小さな家』（福音館書店　一九七五　第八刷）の最初に「まだそこに住みついているアメリカ人はいないのです。インディアンだけが、住んでいる所なのです」とあった。元々の記述は「アメリカ人」ではなくて「人間」だったようだ。インディアンは人とみなされていないような書きかただった。巻末には、日本女子大学教員の清水知久という人の「アメリカ・インディアンのこと」という文章が四ページにわたって掲載され、アメリカ先住民虐殺の歴史について、小学生にもわかるように書かれている。そこでは、西部劇を通して日本人も白人と同じように人種的偏見を持ってしまうことや、ＮＨＫの子供番組でもインディアンをおもしろおかしく笑うような民族的蔑視のタネが毎日のようにまかれていることを危惧している。

「大地にどっかと腰《こし》をすえ、土地とともに生きるという暮《くら》し、自然とともに生きる暮《くら》しを送ってきたインディアンの方が、土地を金もうけの手段《しゅだん》としてつかってきた自分たちよりも、実はもっと高い文明の持主ではないのか。——こういった疑問《ぎもん》を持つ白人がふえていることを、最後《さいご》にお知らせしておきたい」

そんなふうに厳しい感じで締めくくられている。一九七五年版当時、そこまできちんと説明をつけていた福音館書店を、素晴らしいと思う。

久しぶりに読むローラの物語は、半世紀近くが経ってもおもしろく、思わず読みふけってしまった。確かに、裸にスカンクの毛皮を身につけただけの、言葉の通じない先住民が突然家に入ってきて、食糧を強引に持っていってしまう話などは、多少野蛮に描かれているとは思う。けれどもチャールズは、突然訪れた言葉の通じないインディアンに食事を出し、ともに食べ、ともにタバコを吸い、相手への敬意を表した。そして、その人が他の部族にも一目置かれている酋長だったことから、一家の安全が守られることになった。そこに救いがあった。チャールズは少数派の、友好関係を築くほうの白人だったのだ。

『アメリカの〈周縁〉をあるく　旅する人類学』中村寛　松尾眞著（平凡社 二〇二一）
『大草原の小さな家』ローラ・インガルス・ワイルダー著　恩地三保子訳（福音館書店 一九七五）

*

日本を縦断も横断もしたことがないくせに、いつかアメリカ大陸を車で横断したいと思っている。だからロードムービーやロードノベル的なものにはいつも興味をそそられる。『語るに足る、ささやかな人生』はノンフィクション。アメリカのスモールタウンを巡った作家、駒沢敏器の旅の記録だ。
読み始めてすぐに、そこに自分の人生の一部を見た気がした。それはすごく懐かしい、ふるさとみたいな記憶の断片だった。

例えばフューネラルハウス（葬儀屋さんのようなところ）、小さな食堂、紅茶のように薄いコーヒー、夜の若者たちのクルージング、何もないところにただ馬鹿でかい恐竜の像だけがあるシュールな公園、サウスダコタのウォールドラッグ、何時間走っても変わらない大草原の風景、車や家に鍵をかけない習慣、町で会う人すべてに挨拶をする習慣、どこの家の誰が結婚したとかいった、驚くほどプライベートでささやかなニュースが掲載される地元の新聞。それがそのまま、自分の初めてのこの国の記憶とシンクロしてあふれ出した。とりとめもなく。

いま書き出したことは、わたしが初めて訪れた八〇年代前半のアメリカの印象で、当時の日記に詳細に書いてある。それがこの本のなかにある風景とかさなった。駒沢は序章で、スモールタウンだけに立ち寄って車で全米を横断してみる、というアイデアを十年近く前に思いついたと書いている。出版年から考えると一九九五年頃の旅だとわかる。わたしが中西部でホームステイをしていたのは、その十年余り前のことになるが、町も人も、たぶんそんなに変わらなかったはずだ。でも、二〇二〇年代の現在から考えたら、わたしの記憶はもう四十年近くも前のものなのだ。そう考えると、失われてしまったであろうさまざまなものが想起され、しんとした気持ちになる。それらがこの本には残されていて、わたしの一部もここにあるように思った。

「ごくささやかな小さな町を舞台に、誰もが人生の主人公だった。語るべき内容と信念を人生に持ち、それでいて声の大きな人物はひとりもいなかった。大きな成功よりも小さな平和を、虚栄よりも確実な幸福を、町の住民に自分が役立つ誇りを、彼らは心から望んでいるように見えた」

駒沢はスモールタウンで出会う人々について、そんなふうに書いている。子供から大人まで、一人ひとりに役割があって、その町の構成に参加していたら、自分の居場所や居る理由を見失うことがない。そんな健やかな場所がアメリカに、確かにあったのだ。そして、もしかしたら、いまもある。

人口三千人程度、メインストリートを中心に縦横数ブロックの小さな町。時代に取り残された、寂れた建物もある。そんなスモールタウンを外れると、あとは何時間も景色が変わらない広大な自然。ニューヨークナンバーをつけた車で西へ向かう駒沢の旅は、そのなかで短編小説のように息づいている。
ニューヨーク州のはずれの町の小さなバーで、隣にすわった厄介な酔っぱらいが絡んできたとき、礼儀正しくウィットに富んだ返答で難なくかわすシーンは、何回読んでも笑ってしまう。そしてちょっと寂しくなる。

元は病院で、幽霊が出るというホテルに泊まった話は、まるで映画を観ているかのようだった。

「『みなすべて、遠い過去のなかだわ……』
エーヴリシング、と長く引く言い方と、やはり同じようにローング、ローング、タイム・アゴーと長く引く余韻に、僕はただ黙っていた。夜になると涼しいのは今も昔も変わらないけれど、と彼女は言った」

アイオワ州のトウモロコシ畑に囲まれたその小さなホテルを予約したのは、写真集で見かけたからだった。予約はすぐに取れてしまったけれど、じつはほとんど廃業しているようなホテルで、そこには目の見えない老婆がひとりきりで住んでいた。ホテルのポーチで、老婆はこの場所が賑やかだった頃の昔話を語る。

「彼女は、助けてもらうつもりはない。それでずっとやってきた。逆に言えば、助けられるようになったり、助けてほしいと思うようになったら終わりだということだ。自分はいつでも自分の人生に対して実用的なのだと思わなければ、すぐに気持ちは湿って行き場はなくなる。そうなったとき、周囲のすべては彼女のまえで反転する。地平線まで続くトウモロコシ畑は絶望的なだけだし、広すぎる空は圧倒的な抑圧だ。気持ちが一箇所でも湿り始めたら、それのどれにも対抗することはできなくなる。単純と言っていいほどに、ふたつのうちひとつだけの在り方を、アメリカの田舎の風景は人に要求する」

そして請われるまま、彼が老婆にそっとキスをするシーンが、この本のなかでいちばん好きだ。

スモールタウンで出会った人々の話を書きつけた駒沢の取材ノートを、見てみたい。この本の種となった言葉が、どんなふうに並んでいたのだろうと思う。

『語るに足る、ささやかな人生』駒沢敏器著（ＮＨＫ出版 二〇〇五）

＊

駒沢敏器が二〇一二年に亡くなったことを、彼と親しかった先輩を通じて知った。わたしは彼らと同じ都立高校出身だった。『語るに足る、ささやかな人生』とほぼ同時期に雑誌に連載されていた小説『ボイジャーに伝えて』は、つい先ごろ、駒沢の友人たちの尽力で出版された。

ボイジャーは一九七七年にNASA（アメリカ航空宇宙局）によって打ち上げられた無人の宇宙探査機で、ボイジャー1号は、二〇一二年に太陽系の境界付近に到達、地球から最も遠いところにある人工物として、いまも飛びつづけているという。そこには地球外知的生物に人類の存在を伝えるために、地球の音や画像が入ったディスクが積まれている。ボイジャーについて考えると、果てしない気持ちになってくる。

『ボイジャーに伝えて』で、恋人の死を乗り越えられずにいる青年、北山公平は憑かれたように地球の自然の音を収録しつづけている。

山の神さまが風になって降りてきて、稲穂のなかで遊んでいるような風の音、鎮守の杜の湧き水の音、蜩《ひぐらし》の声のうねり、そして、何かの法則に支配されているような虫たちのさざめき。

それらを聴く人は、森や畑のなかにいる気分になる一方で、宇宙のどこかから音のする場所を見ているような、不思議な感じを覚える。

「しばらくじっと聴いていると、音楽のようにはっきりとしたリズムがないからか、静かな音のうねりはしだいに自分の鼓動とか呼吸のリズムと合ってくる。体の律動が鎮まり、深く心地よい瞑想《めいそう》に誘導されていくような感じだ。耳という自分の感覚器官を通して、何かにつながれるような感触がある」

音響のプロで、ミキシングエンジニアのアシスタントを務める恭子は、そんなふうに彼の収録した音を聴いた。つながれる「何か」とは、果てしない宇宙であり、死後の世界とも言い換えられる。公平は死んだ恋人のところへ行ってしまいたいのかもしれなかった。果てしないものを追い求め、近づき、触れようとしていた。果てしないものはとてつもなく大きかった。大きなものに飲みこまれ、自分の存在が消えてなくなってしまうかのようにも感じていた。けれど、彼はやがてその果てしないものを、自分のなかに取りこむのだ。

「死を、いま生きている対極に置くんじゃなくて、いのちをいのちたらしめているものとして、自分のなかに親密に取りこんで、その死との関係性のなかで生きることが、人生を充実させるように思ったんだ」

『ボイジャーに伝えて』は、喪失を、自分の人生を形成する一つの出来事として自分のなかに取りこみ、乗り越えていく公平と、彼を見守る恭子とそのまわりの温かな人々の物語だ。

改稿に改稿をかさね、出版が長らく遅れていたところ、著者不在のまま出版された小説だからか、さまざまなテーマが散らばって、宇宙空間に浮かんだままになっているような感じを受けた。破壊される風景だとか、男女関係のありかただとか。そうしたさまざまな要素のなかでわたしは、此岸と彼岸をつなぐ回路となるような、自然の音の話に惹かれた。公平が死んだ恋人に近づきたくて無意識に集めた地球の音を、恋人もどこかで聴いているに違いなかった。だから聴く人は、地球の外からその音源を見下ろしているような気持ちになるのだ。その果てしなさが、魅力的だった。

『ボイジャーに伝えて』駒沢敏器著（風鯨社 二〇二二）

＊

いま、わたしはアメリカの地図を眺めている。ニューヨークからボストン、ポートランド、マンチェスター、ナッシュビル、セントルイス――中西部を抜けてサンタフェまで横断し、シカゴ経由で再びニューヨークに戻る。そんな旅をするのは十七歳の逸佳《いつか》と十四歳の従妹の礼那《れいな》だ。

これもまた広いアメリカを旅する話だけれど、今度は江國香織による小説『彼女たちの場合は』。アメリカ大陸を旅する女の子たちの、お菓子のように甘い、ロードノベルだ。自分を甘やかしたい日に、ブランケットにくるまって読むのがいい。

なぜこの人はこんなふうなのだろう、とか、いま感じているこの気持ちをどう言ったらいいだろう、と思ったとき、わたしは江國香織の小説の主人公ならその感じをわかってくれる、的確な答えはなくても、理解してくれるに違いない、といつも思う。逆に、主人公の気持ちが理解できる。それはたぶん相性みたいなものなのだろう。だから江國の小説が好きなのだ。十四歳であれ、十七歳であれ、読んでいる間は彼女たちになって旅をすることが許される。心のなかではすっかり子供になって旅をしている。病院の待合室で、公園のベンチで、電車のなかで、あるいはどこへも行かずにブランケットにくるまったまま。

逸佳は日本の高校をドロップアウトして、アメリカに駐在する親戚の家に居候している。同年代の女の子たちとは異なり、恋愛にも化粧にもＬＩＮＥのやりとりにもロックコンサートにも、そういうものに夢中になる友だちにも興味がない。望むことより望まないことの方が多い。自分が何をどうしたいのかわからない。旅ですら、行きたいところも行きたくないところもないのだ。そんな彼女が唯一、したいと思っているのが「見る」ということ。車や列車で移動しながらアメリカを見るという行為だった。

年下の礼那はアメリカ育ち。うれしい気分が高まると、「チーク！」と叫んで従姉の頬に頬をつける。思ったことをそのまま無邪気に言葉にして伝えることができるし、素直に世界を信じている。そんな礼那もクラスでは少し浮いている。本の虫（bookworm）というあだ名があるほどの本好きで、ミランダ・ジュライやアーヴィングを読む。そこでは礼那の好きな「すごいこと」がたくさん起こるから。

ふたりとも、自分たちのいまいる環境に倦んでいる。親に感謝するほど大人になっていないし、親の制約を解けないほど子供でもない。それで、「これは家出ではないので心配しないでね」という置き手紙をして、行き先を告げない旅に出るのだ。

日本にいる逸佳の両親は「かわいい子には旅をさせよ」と考えるタイプで、心配はするものの娘を信じ、どちらかというとおもしろがっている。礼那の母親も、起きてしまったことはしかたがないとあきらめ、居場所を知らせずに時折、ポストカードや電話をよこす娘たちに対し、「もっと遠くへ行きなさい」とひそかに思うようにすらなる。信じることができず、事態を最後まで受け入れられないのは、礼那の父親だ。親としてきわめてノーマルな反応かもしれないが、彼だけが囚われていて、苛立ちを募らせているのが興味深い。

ときにヒッチハイクで移動する無防備なふたりは、危険な目にも遭う。クレジットカードを止められたことで、不法就労する必要が生まれたり、そのために逃避を余儀なくされる事態におちいったり。でも、「チーク!」したくなるような、いいこともたくさん散らばっている。

さまざまな人々との出会いのなかでいちばん印象的だったのは、バスやカフェで編み物をする三十二歳のゲイ、クリスとの出会いだ。彼は愛想笑いをしない。表情をあまり変えず、感情をこめない口調でゆっくり静かに話す。逸佳との間には、言葉以外に通じ合える何かがある。その感じを頭でっかちの礼那は「ほんとうに出会った」のではないかと勘ぐる。それは彼女が大好きなアーヴィングの小説に出てきた表現だから。

「自分には相手のことがわかるし、相手にも自分がわかられてしまうというあの不思議でなつかしい感じ、安心で十全で、余分なものの一つもない感じ」

逸佳はクリスと出会ってから、自分が不完全になってしまったと感じる。同世代の女の子たちが話題にする「恋」とは異なり、ドキドキというよりは、安心感。一緒にいるときに十全に自分であるならば、離れているときにはもう完全な自分ではない。再び会って完全な自分を取り戻したい。そして、彼がこの世界のどこかでいまも生きていて、また会えることをうれしく思う。

江國香織が恋について書くときに選ぶ言葉が好きだ。それはいつも新鮮で、とても個人的で、決して一般的ではない。恋は空気のような何かを介して、当事者だけに特別に伝わってくるものなのだと思う。

やがて訪れる旅の終わりのバスターミナルで、彼女たちはあることを確認し合う。旅はいつだって始められるのだ、とわたしは思う。ふたりの行動の影響を受けた親たちみたいに。いまいるこの世界の、何ものにも囚われなくていいと信じられること。それはなんて自由で、力の湧いてくることなのだろう。

『彼女たちの場合は』江國香織著（集英社 二〇一九）

7

台風に閉じこめられた日に

台風で東京は大雨特別警報、警戒レベル5の週末だった。窓に養生テープを貼り、朝からまるで大晦日のように料理をつくり置いて、水を汲んで、バスタブにも水をはって、さて仕事をしようかと思うのだけれど、落ち着かない。こんなときにいいのは読書だと思い、読みかけていた本を一気に読了した。

読書にうってつけなのは、閉じこめられてどこにも行けない環境、何かを待つ時間だ。病室や病院の待合室、長距離の電車のなか、そして大雨や大雪の日。本を開けば、その狭くて小さな場所から時空を超えて、わたしたちはどこへでも行くことができるし、何にでもなれる。

『庭とエスキース』は、北海道の丸太小屋で独り、畑を耕し、自給自足しながら理想の庭をつくる老人、弁造さんの七十八歳から九十二歳までを記録した回想録だ。回想するのは十年以上にわたって弁造さんを訪ね、写真を撮り、話を聞きつづけた著者の奥山淳志で、始めたときは二十代半ば。誰に依頼されたわけでもなく、何かに突き動かされるように弁造さんの家に通った。そのような無我夢中の取材がこうして、かたちになったことを素晴らしいと思う。言葉や写真で伝えるという能力はもちろんだけれども、取材対象の弁造さんとの関係性や距離感がとてもいい。リスペクトし合っていて、どちらも依存していない。血の繋がりはなくても祖父と孫のようであり、友達のようであり、取材する人とされる人のようであり、師弟のようでもあり、そのどれでもないような気もする。わたしは、ひとりの人間をこんなにていねいに、くっきりと言葉に表すことができる著者の静かな情熱に心うたれた。

「この庭は、実験場のようなものじゃ。日本が高度経済成長に入って、わしら百姓に、百の姓を持つ必要はない。作物はひとつだけでいいから大量に作れと言うてきた。土を肥やす必要もない。化学肥料を買えばいいと。わしは科学を信じとる。人間の智恵の集大成じゃ。わしらは科学で救われてきた。でも、だからと言って、そのまま鵜呑みにすることもできん。今の暮らしにはいつか限界が来ると信じとる。そうなると、たくさんの人が死ぬかもしれん。でも、限界が来た時、戻る場所があればなんとかなるんじゃないかという思いもある。わしの庭は、そのときのための実験場だ。こうした場所さえあれば家族ぐらいは生きていける。そういう場所を伝えることができんかとわしは庭を作ってきた」

弁造さんは画家になることを夢見ていた。八十代も終わる頃になっても、いつか個展ができたらという夢を捨てていなかった。家の建材にとてもよいとされる木を植えつづけた。使える木材になるのに何十年も要する木だった。それを受け継ぐ人もいないのに。そんな弁造さんでも自分のやっていることの意味に自信が揺らぐことはあって、その揺らぎを正直に見つめる姿も、ここにはしっかりと記されている。

ある日、めずらしく聞くに耐えないような愚痴を口にする弁造さんを非難したことから、喧嘩になるシーンがある。一旦は出て行ったものの、気まずくなって戻ってきた奥山を、弁造さんはいつものように迎え入れる。ただ、そこには大量の入れ歯が置いてあった。九組、上下で十八個。それを見て言葉をなくす奥山は、歳をとると、とどまることなく変わっていく歯茎について、入れ歯というものは一度作ったらそれで終わりではないということについて、思い知らされる。生きていくということは、そういうことなのだと。

「年をとるとな、自分が言ってることがようわからんときがある。いくら年寄りでもそんなときは反省せんといかん。じゃがな、死にかけの年寄りに若い者が理詰めで言い負かすのは、もっとほめられんぞ。半分ボケた年寄りでも傷つくんじゃからな」と言って笑い声をあげる弁造さん。その言葉が、著者を通じて、わたしのことも貫いた。

生きていくということに関して、もう一つ印象的だったシーンがある。最晩年に奥山が薪割りを手伝ったときのことだ。弁造さんはみずから穴の開いた波トタン屋根にのぼり、雪かきをするほど自立していた。そんなことができるなんて、なんと幸せなことだろう。積み上がった薪を見て弁造さんが「ああ、これでまた薪の暮らしが続けられるなあ」とつぶやく。すごく、生きている、と思う。

寒い日にストーブを焚いて温まったり、今日一日頑張ったからと乾杯したり、そうしたささやかなこころよさの連なりが暮らすことの本質なのであれば、それは幸せと同義だ。

そのように自立した老人のかけがえのない時間が刻々と流れていくのを、奥山は記録して残した。孫のような齢の著者が全力で保存したものが、読む者の心に、じんわりと沁みてくる。

弁造さんは悲惨な目に遭っても、それをユーモアに変えて表現する人だったようだ。饒舌な老人が語る、多分に脚色され、盛られているに違いない物語は、若者を魅了し、楽しくさせる。ユーモア（おかしさ）とペーソス（哀しみ）。それらが紙一重になった感情は、話し相手を極度に心配させない程度に、温かい心遣いに満ちている。相手を大切にすることは、自分を大切にすることでもあるのだ。

「今という時間は過ぎ去った時間から常に不思議な光で照射されている」

回想しながら、奥山は思う。それは、この世を去った人たちがまだ、生きているということだとわたしは思う。そうしたことは、わたしたちを常に勇気づける。

本を閉じる頃、台風は心配していたほどのことにはならず、あっけなく過ぎていった。


『庭とエスキース』奥山淳志著（みすず書房 二〇一九）

＊

その人が「よかったら読んでみてください」と差し出した本は、ていねいに薄紙をかけられていた。本を大切にしている人だということがわかった。薦めてくれたのは、たいへんな読書家の知人だ。この人が薦めるものは間違いない。そのときの自分には多少難しいことはあっても、つまらない本のことはない。薄紙に透ける雪山の描かれた表紙は、真冬に読むのにちょうどよさそうだった。

『ある一生』は二十世紀を生きた無名の男の物語だ。戦争に行く以外のほとんどをアルプスの山の中で、日雇い労働やロープウェイの建設や山岳ガイドとして、つましく生きたアンドレアス・エッガーの一生。

最初に、ひどい子供時代があった。養父に育てられ、折檻を受けて足が少し不自由になった。おそらくその頃から、エッガーはこの世を諦観している。不平を言わず、目の前にあるどんな仕事もこなし、無口で無骨だけれど逞しい男に成長した彼は、やがて恋をし、プロポーズをして、家庭を持つ。それはこの物語のなかで、最も柔らかで温かな光に包まれた部分ではあるけれど、すべては雪崩によって一瞬のうちに失われる。あまりに突然の深い悲しみのせいで、彼は世俗からさらに遠ざかってしまう。

大戦が起こり、従軍とロシアでの抑留生活がある。帰国すると村の様子は変わっており、時代に合わせて観光地へと変化しつつある。やがて山岳ガイドを務めるようになった彼は、ガイドでありながらも自分はほとんど話さず、観光客の話に耳を傾ける。エッガーがいま、ここにある自然そのものをそのままの大きさやかたちで感じているのに対し、観光客たちは「もうずっと前に失ってしまったと考えているなにか」を取り戻すために山へやってくる。それは「なんらかの見知らぬ、飽くことなき憧れ」らしいとエッガーは推測する。

アルプスの山と聞くと、取材で聞いた話を思い出す。共同窯でパンを焼く、アルプスのおばあさんたちに、好きな食べものについて尋ねると、「食べられるものならなんでも好きですよ。なんでもおいしいと思いますよ」と言ったという話。そのとき、わたしは涙ぐんでしまった。わたしはエッガーの後ろについて山歩きをしている、能天気な観光客なのだ。見失ってしまったものをずっと捜している。テレビでは今日も、食べ歩きや食べ比べやランキングの番組をやっている。どの店のなにがおいしいか。いや、おいしいは主観だ。何がいちばん人気で、最も売れるかが大切で、視聴率の取れる企画なのだ。資本主義経済のまんなかで、豊かで貧しい国で、食はレジャー化している。

テレビ――。戦後、エッガーは町の食堂で生まれて初めてテレビを目にし、心を揺さぶられる。が、自分でテレビを持つことは一生ない。何度も熟考はするのだが、「そんな種類の投資をするには、いずれにせよ必要なあらゆる前提条件が欠けているような気がした」から。他所のテレビで見た美しいグレース・ケリーと月面着陸のシーンを思い出すだけで、彼は十分満足だった。

お酒やギャンブル、女性から縁遠いばかりか、エッガーには友達もいない。老いるまで、独りごとをつぶやきながら、ずっと独り暮らしをつづけている。欲というものがない。屋根と自分のベッドと、素晴らしい景色とがある場所で「自分の人生はだいたいにおいて決して悪くなかった」と感じることができる。身体には不具合があり、暮らしは貧しく、人とのつながりも縁も薄く、孤独なのに不幸せに思えないのは、そこだ。一生を悔いなく振り返ることができるのは、自分のすべきことを精一杯して、実態のないものに惑わされることなく、目の前にあるものをしっかりと見てきたからに違いない。それが彼の強さだ。

年老いてもうろくしてきたある日、彼はどこかへ行きたいという焦燥にかられて、バスに飛び乗る。でもどこへ行こうとしたのか、わからなくなっている。その誤作動のような戸惑いは哀しい。でも、往々にして、彼は迷わずに生きてきたのだ。その人生で「神を信じる必要には一度も迫られず、死を恐れてもいなかった」。

神に近い僧侶のように。野の植物や動物のように。

エッガーの物語は終始、雪のような不思議な明るさに満ちている。


『ある一生』ローベルト・ゼーターラー著　浅井晶子訳（新潮社　二〇一九）

＊

『ある一生』を読み終えてすぐに『ザリガニの鳴くところ』を読み始めた。凍えるようなアルプスの雪山の景色は、アメリカ・ノースカロライナ州の靄に包まれた湿地帯に変わった。そんなとき、読書は旅だと感じる。

何かがシンクロしていた。どちらも恵まれない幼年時代を送り、人間社会の底辺で孤独に暮らす人間の物語だった。どちらも雄大な自然のなかで、草花や野生動物のような生きかたをしていた。生かされている、という感じがした。

『ザリガニの鳴くところ』に登場する少女カイアは、六歳で親に捨てられ、湿地帯にある家で、警戒心の強い野生動物のような育ちかたをするにもかかわらず、『ある一生』の聖人のようなエッガーより、ずっと人間くさい。人と関わりたいし、学習し、成長したい。愛したいし愛されたいと切望している。喜怒哀楽を全身で、全力で表現する。

少女は鳥と会話することができる。浜辺で両手を口にあてて呼ぶと、波の向こうからカモメたちが集まってくる。自分の食べるトウモロコシ粉やパンを分けてやるのが日常だ。餌をあげたあとでカモメが飛び去ってしまうことは、親がいなくなり、兄弟がいなくなり、やがて独りぼっちになった過去のトラウマを背負う彼女を、たまらなく寂しい気持ちにさせる。

「このカモメたちを集めて連れ帰り、ポーチでいっしょに眠れたらどんなにいいだろうと思った。みんなでベッドのカバーの下に潜り込み、羽毛に覆われた、ふわふわで温かい体に囲まれて眠れたらどんなにいいだろうと」

カイアは教育を受けていないため、カモメの数を数えることもできないけれど、湿地帯に生息する生物には詳しい。それは独りぼっちの彼女にとって、家族みたいなものだからだ。あるとき、いつも通る空き地の切り株に黒い羽根が挿してある。それはオオアオサギの優雅な眉の羽根で、「この海岸湿地で見つかる落とし物のなかで、いちばん魅力的なもの」だった。誰がそんなことをしたのだろうと、怪しみながらも好奇心には抗えない。次の日、またしてもそこに挿してあったのは、珍しいネッタイチョウの白い尾羽だった。彼女はそれも家へ持ち帰り、自分のコレクションに加えていく。文字は書けなかったし、名前は知らなかったけれど、彼女は画用紙の代わりに紙袋を切ってそこに描いた絵を添えて、集めた標本をラベリングするのを日課にしていた。

次に置いてあったのはゴイサギの飾り羽根。贈り物は羽根にとどまらず、庭で育てるための野菜の種、交通手段にしているボートのエンジン用の点火プラグ、と増えていく。カイアもめずらしいハクトウワシやコハクチョウの羽根を切り株にお返しする。言葉を介さないコミュニケーションがそこにある。大好きなシーンだ。懐かしい感じがしたと思ったら、わたしはその感じを大昔に味わっていた。

子どもの頃『まほうのクリスマスツリー』という本で、森のなかにクリスマスツリーにちょうどいい木を見つけた女の子が、自分だけの秘密の木と思って飾りつけしていくと、もう一人同じことを考えていた女の子がいて……というワクワクするような本を読んだことを唐突に思い出したのだった。それは最初、まさに魔法のように感じることなのだ。

何度か交換がつづいたあとで、贈り主が姿を現す。それは近くに住む漁師の息子、テイトだった。彼はカイアに読み書きと計算を教える。やがて彼は動物学の博士課程へと進むために土地を離れ、別れが訪れる。カイアが集めた湿地生物のコレクションはいつしか数千に増え、自然史博物館級の資料になっている。例えば貝殻のラベルには、それを見つけた海岸の絵が描かれ、その貝がより小さな海洋生物を食べている図も加えられている。里帰りしたテイトはカイアに、それを本にすることを提案する。

こうして最初の本『東海岸の貝殻』ができあがる。そのうれしさがわかる。もしもこの本が現実にあるのなら、いますぐに書店に注文したいと思う。

「カイアは紙面に指を這わせ、それぞれの貝殻を発見した海岸や、季節や、朝焼けに思いを巡らせた。それは家族のアルバムのようなものだった」

「ザリガニの鳴くところ」というのは、生き物たちが自然のままで生きている場所のことをそのように言うそうだ。作者のディーリア・オーエンズは動物学者で、オオカミの保護や湿地の保全運動を行なっている。そのため、湿地の自然の描写が詳細で、味わい深い。

それだけの叙情的な話だったらば、何日もかけて、うっとりと写真集を眺めるように読んだかもしれない。でも実は、この物語は冒頭に死体が発見されるところから始まるサスペンスでもあり、後半は法廷ものとなっていて、息もつかせぬ展開になり、途中で本を閉じることができなくなってしまう。夜更かし必至の小説だということを、伝えておかなければならない。

『ザリガニの鳴くところ』ディーリア・オーエンズ著　友廣純訳（早川書房 二〇二〇）
『まほうのクリスマスツリー』リー・キングマン著　八木田宜子訳（ポプラ社 一九六八）

＊

夜更かしといえば、深夜に読むのにいい、静かな小説がある。

読み終えたとき、ぜひ聴いてみたいと思った音楽があった。スペインのグラナドスによる「ゴイエスカス」というオペラの間奏曲で、チェロとピアノの二重奏だ。

その小説『使者と果実』の舞台は戦前の満州で、東アジアで当時、最もヨーロッパ化されていたといわれる国際都市、ハルビン。といっても、あまり想像がつかない。日本の傀《かい》儡《らい》国家だなんて。いまはもうない幻のようなその舞台をリアルに思い浮かべることが叶わなかったので、せめて物語のなかを流れていた音楽を感じてみたかったのだった。

曲はこの小説のなかに、たしか三度登場する。最初は一九三七年の満州。満洲国政府に勤務し、現地生産の日本酒増産計画を推進する役目を担う百済忠志（クダラ タダシ）は、学生時代から音楽とチェロに情熱を注いでいた。それがきっかけで老舗酒造の社長夫人でピアニストの倉橋奈津と出会う。

「『わたくし、この曲がとても好きになりました』

最後の弱音《じゃくおん》が空気に溶けるように消えた後、しばらく膝に両手を置いてピアノの前に座っていた奈津は、前を向いたまま低くつぶやくような声で言った。

『僕も大好きな作品です』

僕は彼女の美しく伸びた背中に静かに答えた」

あとちょっとのところで、恥ずかしくて放り投げてしまいそうなロマンティシズム。「なんちゃって」と茶化さない恋愛。そこには、いまの時代ではもう失われてしまった何かが感じられた。ハットかな、と思う。戦前は大人の男性がハットをかぶっていた時代だ。本物の大人、紳士淑女がいた時代。それはいまでは遠い、古い映画のように甘美な世界だった。

次に曲が登場するのは、二〇〇三年のブエノスアイレス。タダシ（忠志）は九十六歳になっていて、レストランでチェロを弾いて暮らしている。店のバーカウンターで、タダシはアルゼンチンワインの輸入の仕事をしている悠一に、奈津との物語を語り始める。遠くを見るような目に、穏やかな微笑を浮かべながら、タダシは語る。「僕は、ナチスドイツ政府のチェロを盗んだことがあるんです」。

知らない時代の物語に、悠一は、そしてわたしたちは、引き込まれていく。それは不義の恋と国禁の犯罪の物語だった。

タダシには時価五百万米ドルするチェロの名器「ドメニコ・モンタニャーナ」をナチスドイツに極秘裏に寄贈する使者の任務があった。それを遂行せずに売却し、老舗酒造の社長夫人であった奈津と、第二次世界大戦直前、中立国で南米のパリと呼ばれたブエノスアイレスへ逃亡したというのだった。

最後にタダシ老人は、悠一と身の回りの世話をしてくれているペネロペの前で、その曲を静かに奏でる。

「遠いものを呼び戻し、手元に引き寄せ、愛おしむ。そんな追想の旋律がゆっくりと紡ぎだされていった。喜びと悲哀が混然となった不思議な旋律だった。

老人は空気のようにチェロに寄り添い、力みが一切ない姿勢で弓を動かしていた。だが、そのチェロから放たれる音は枯淡とは程遠かった。（中略）音楽は高揚から静穏へゆったりと坂を下り、空気に溶け込んで消えていくような弱音で終わった。喜びの記憶と透明な悲哀の感触が残った。しばらく月の光の中にいるような静寂が三人を包んだ」

翌年、亡くなったタダシの遺品整理を任された悠一は、二つの真実を知る（それは語らないでおく）。時代に翻弄される登場人物の誰もが、タダシの友人も少佐も奈津も奈津の夫も皆、善い人ばかりなのがせつない。横領やスパイ活動や不倫が善い人のすることかというとそうではないのだろう。でもその裏側まで明らかにされると、何が善いことなのか、そのときどうすればよかったのかがわからなくなってくる。

ハルビンですべてを俯瞰する立場にいたのは、タダシの友人でやはり満州国の国務院外務局に勤めるマゴエだった。彼は悪くいえば打算的で、よくいえば安定的な人生を歩み、それが幸せなのだと信じて、タダシにも同じようにレールの上を歩んでほしいと望み、破滅から救おうと奔走する。仲がよかったふたりは、でも、真逆の人生を歩むことになる。

物語の途中、奈津の日記が差し挟まれる。奈津は逢瀬に花と果物を携えてゆく。奈津がタダシに対してできることは、ひとときの安らぎを与えること、そのくらいしかなかった。

「香りがわたしたちを包み、花がゆっくりと命を終えていく気配を、わたしたちは黙って抱き合ったまま、背中で感じ取る」

そういえば、花に、生きとし生けるもののいのちの悶えが、そっくり映されていると言ったのは哲学者の鷲田清一だった。花を贈ることは、やがて萎むことも含めて、命のしるしを贈ることなのだと。（『まなざしの記憶――だれかの傍らで』本書130ページ）
誰もが一度きりの人生をより善く生きたいと思って生きている。その生き方はその人にしか決められない。自分に問うて、自分で答えを見つけなければならない。それは孤独な作業だ。タダシも、奈津も、奈津の夫も、マゴエも、ここに出てくる人たちの誰もにその煩悶を感じる。彼らはみんな孤独で、美しい。

三回目の演奏は二〇〇六年のロンドン。幻のドメニコ・モンタニャーナを貸与されたクロアチア出身のイザベルによる演奏だ。いちばん好きな曲だという。作曲したグラナドスは、アメリカでの演奏会を終えて帰国する船に魚雷攻撃を受けた。一度は助かったが、妻を救おうとして、共に命を落としたという。それは実話だ。イザベルも機銃掃射の跡が生々しく残る祖国に帰れない。タダシも奈津もまた、帰ることはできなかったのだ。

弦楽器工房の店主が語る、印象的なシーンがある。

「いつか、こう思うようになったの。美は一時的に神から預かっているにすぎない。ある偶然からひと時共に過ごす時間を与えられたことに深く感謝し、また美の王国にお返しするだけなんだと。本物の美は人間の住む国とは別の国からの預かりものだと思うの。時間限定のね」

それは美しい楽器だけでなく、人と過ごす時間の輝きもそうなのだと店主は言う。変わったり消滅したりするのは人間の方で、その輝きは、別の場所でずっと輝きつづけているのだと。音楽や文学はその輝きを宿し、また別の場所、別の時代へと運ばれていくのだ。

『使者と果実』梶村啓二著（日本経済新聞出版社 二〇一三）

名もなき人たちのささやかな生と死

『奇跡も語る者がいなければ』。この小説は、仕掛けと伏線回収満載だったエンターテインメント映画『カメラを止めるな!』(日本二〇一七)のようなところがある。最初だけ、いつもの自分の常識を外して、ストーリーに身をまかせてみる。我慢するといってもいい。もしかしてこれは……と少しずつわかってくる。最後まで読み、全貌が明らかになり、俯瞰する天使の目を得たとき、再び最初から読み返したくなってくる。そして二度目の方がよりおもしろく読めるようになっている。この小説は英国人作家ジョン・マグレガーのデビュー作にして「サマセット・モーム賞」などの文学賞を二つ受賞している。

夏の終わりの八月三十一日、イングランド北部の小さな町で事件が起きた。それが何なのか、なかなか見えてこない。何が起こったのかわからないまま、事件の起こる瞬間まで秒刻みに進行する町の人たちの長い長い一日を読んでいく。

名もなき町の名もなき人たちの、ささやかな日常がそこにある。町の人たちのなにげない情景の一つひとつが、小さな幸せを宿しているように感じられる。同時に、いくつもの死がそこに見え隠れする。

一九九七年の八月三十一日は、ダイアナ妃が自動車事故で亡くなった日だ。マスコミの大々的な報道に、著者のマグレガーは、報道されることのない無名の人々の生と死を思った。それがこの小説の執筆のきっかけになったと、訳者あとがきに書かれてあった。

町の住人のひとりで、過去に火事で妻を失い、自分も大やけどを負った男が、天使を見たいと思っている四歳の無邪気な娘に話している。男の名も娘の名も書かれていない。

「この世界はとても大きくて、気をつけていないと気づかずに終わってしまうものが、たくさん、たくさんある、と彼は言う。奇跡のように素晴らしいことはいつでもあって、みんなの目の前にいつでもあって、でも人間の目には、太陽を隠す雲みたいなものがかかっていて、その素晴らしいものを素晴らしいものとして見なければ、人間の生活は、そのぶん色が薄くなって、貧しいものになってしまう、と彼は言う。

奇跡も語る者がいなければ、どうしてそれを奇跡と呼ぶことができるだろう、と彼は言う」

ずっと眺めているだけの、片思いの相手をなかなか誘えなかったり、半世紀以上も連れ添ったパートナーに自分の不治の病を打ち明けられなかったりする登場人物のほとんどに名前がない。名前がなくとも、あるいはないからこそ、それを読む人の誰でもが、その人物の感情にするりと入りこむことができるのかもしれない。

事件のあった八月三十一日の町の記述と並行して、小説の半分をなしているのが、かつてその町の住人だった「四角い眼鏡の女の子」が語る、三年後の現在だ。彼女は妊娠していて、誰にも打ち明けられないでいる。妊娠と町の人々はまったく関係ない。

そんなある日、町で彼女に一方的に恋をしていた「ドライアイの男の子」の双子の弟が訪ねて来て、兄の想いを伝える。彼女にしてみたら、その兄のことは町で見かけた程度でよく知らず、うっすらとした記憶にしかない。いまさら気持ちを、しかも弟から伝えられても、わけがわからない。そのどうしようもなさと、兄の不在と、弟の思惑の揺らぎが不協和音を奏でる。なぜ彼が訪ねてきたのかの謎は、最後に解ける。そのとき、もう一度最初から読みたくなる。

双子の兄で、内向的な「ドライアイの男の子」は、奇妙な収集癖があった。割れた車の窓ガラスの破片でネックレスを作ったり、ストリートで拾ったガラクタ（針とか、紙切れとか）をコレクションしたり、持って帰れないものは、写真に収めて大量に記録していた。無視され、失われ、捨て去られることを恐れていた。双子の弟は、自分が死ぬときに誰にも知られず消えてしまうことを恐れた。そんな兄弟。

物語の本筋とは違うけれど、好きなシーンはたくさんある。下宿をシェアしていた男の子が、窓からふたつの三日月を見せてくれる場面が好きだ。

「わたしは彼の顔を見て、彼はくすくす笑って、ね、不思議だろ、と言った。わたしはふたつの月を見て、月はそれぞれ、たがいに負けずに冴えていて、細くて新しくて、大きさも同じで、双子の兄弟みたいだった」

この「双子の兄弟」は、あとから登場する双子の予兆だった。そんな仕掛けが散らばっている。もしかしたら、ほかにも発見があるかもしれない。訳者があとがきで明かしたところによれば、英語で“the nine months of pregnancy”といわれる妊娠期間の九ヵ月の九という数字が、この小説の構成の法則になっていて、「四角い眼鏡の女の子」が語る章がいつも九つの文からなる九つのかたまりで構成されるなど、まるでコンセプチュアルアートのようなのだった。

最後まで読み終えても、町の人々の物語は終わっていない感じがある。名もなき登場人物たちの人生のつづきは、それぞれ短編小説にも、長編小説にもなりうると思う。

『奇跡も語る者がいなければ』ジョン・マグレガー著　真野泰訳（新潮社 二〇〇四）

見つける

「いつもどのようにして、本を見つけるのですか」と聞かれると、駅前の書店や、いつも行く図書館の本棚のことを思う。たいてい、わたしの読みたくなるような本が置いてある。つづけて思い浮かべるのは、子供の頃に読んだ、カレル・チャペックの郵便屋さんの絵本『こびととゆうびんやさん』のことだ。封を開けなくても、愛にあふれた手紙か、しぶしぶ書いた手紙か、ただていねいに書いただけの手紙か、それがどんな手紙であるかがわかる「こびと」の助けを借りて、宛先不明の大切な手紙を届ける旅をする郵便屋さんの話。

それがどんな手紙かわかるというのは、透視ではなく「感じ」だったと思う。パラパラとページを繰る数秒で、それが自分にとっていい本かそうでないかがわかるのも、この

「感じ」だ。実際には、字面の感じで判断する。言いまわしはもちろん、漢字やひらがなのバランスや、フォントの大きさや形など、デザイン的な要素も影響する。それがどんな本であっても、自分にとって言葉の感じが心地よくなければならない。哀しくても、心をかき乱されるものであっても。

『きみがぼくを見つける』も、字面が素敵だという理由で読み始めたのだったが、とんでもない本だった。文字の見た目だけではなく、とんでもなく、心に響く本だった。そして内容も、ある意味とんでもなかった。

「火曜日にきみがぼくを見つける」

で始まるこの小説は、保護施設からひきとった獰猛な片目の犬と、軽度の知的障害のある五十七歳の男の物語。彼の風貌は北欧の妖精トロールに似ているという。しかも三つ編みをしている。運転ができる。読書とタバコが好きで、歯が黄色い。背中が丸くて、手足が大きい。手を振り回しながらドタドタと歩く。

「ぼくたちは一緒に走りつづける。寒いけれど、すべての窓を全開にして。ぼくたちは一緒に寒さを深く吸い込む。狐のスプレイと枯れたスイカズラ、松貂とスッポンタケ、七種の樹液のにおいで肺をいっぱいにする。

ぼくたちは車を走らす、走らす、どんどん走らす。海岸を目指して、裏道を選んで」

犬は闘犬だったのだろうか、虐待されたのだろうか、目がひとつない。口に裂傷がある。獰猛で頑固だ。そして気がついた。文章の美しさゆえに、そしてわたしがあまりに犬好きであるがゆえに、事実を読み飛ばしていた。よく読んでみれば、この犬「ワンアイ」は、犬と穴熊を戦わせるという残酷なブラッドスポーツから生き残った犬らしかった。

ふたりは一緒に食べ、一緒に眠る。男はやさしく孤独で、日陰で生きている。なるべく人と接しないように隠れ、怯えながら暮らしている。

「ぼくたちは枯れた花と暗闇の中を走る」

「きみにはわかるかな？　果てしなさのにおいがわかる？」

「きみのいびきはビスケットみたいに甘い」

「羊は夜見ると歩く墓石だ」

いつも現在形で語られる、ぼくときみの世界があまりに詩的で美しいので、原書はどうかとペーパーバックを読んでみた。

原題は『Spill Simmer Falter Wither』。韻を踏んでいるらしいこれらの単語が、何かに似ていると気づいた。それはSpring Summer Fall Winter（春夏秋冬）だった。直訳すると『迸《ほとばし》る、滾《たぎ》る、怯《ひる》む、萎《しお》れる』。日本語訳の本では、章のタイトルがそれぞれ「迸る春」「滾る夏」「怯む秋」「萎れる冬」となっている。これは季節であるほか、物語の起承転結を意味するようでもあるし、男と犬の感情の移ろいでもあるのだろう。

「ときどききみの中に悲しみを見る。それはぼくの中にある悲しみとおなじだ。きみがため息をつくとき、じっとなにかを見ているとき、頭を垂らすとき、ぼくはそこに悲しみを見る。きみは警戒をすっかり解こうとしないし、ぼくが与えた世界を当然のように受け入れようとはしない。ぼくはそこに悲しみを見る」

男はいつもなんとなくあきらめている。特別な望みを持たない。父親の遺した家で、犬と一緒に、ただ普通に暮らしていたかった。それだけだった。けれど事態はほとんどいつも、哀しい方向へ流れていく。だからといって、どうしようもない。

「掘り出したばかりの泥の上に、ぼくたちは横たわる。ぼくは胸にきみを抱く。念のためきみの心音を確認する。乱打しているのを感じる。自分の心臓も乱打しているのを感じる。ぼくは乱打するふたつの心臓を抱きしめ、きみはぼくを噛まず、泥を拭い落としたきみの顔はあいかわらず不完全だ」

男は犬に話しかける。それはいつも現在形で、この一冊の物語のほとんどが、犬に話しかける言葉で成り立っているといってもよい。犬は語らないから、男のモノローグで。そのうち、わかってくることがある。あることから、犬を飼おうと思った。そしてまた別のあることから、犬と逃げなければと思った。だから実行した。それが間違っているかもしれなくても。事態がややこしくなっても、彼はそれを全力でやってみた。実際にはひどい話だ。でもそこには本物の言葉が並んでいて、犬の体温や息遣いがあって、野原や海や日差しや風の匂いがあって、どんどん引きこまれていくのだった。

「なんでも不思議がれるきみの能力が羨ましいよ。ぼくもそんなふうに生まれたかった。そんなふうに生き生きとした人生が送れるなら、寿命が短くったってかまわない」

彼の思考回路はとてもピュアでシンプルだ。人間的ないやらしさがなく動物的だ。犬と一緒で自己憐憫もそんなにない。でも、だからといって犬にはなれない。彼は人間をやっていかなくてはならない。

これは、犬とおじさんの哀しい物語ではない。

『こびととゆうびんやさん』カレル・チャペック著　三好碩也訳（偕成社　一九六七）
『きみがぼくを見つける』サラ・ボーム著　加藤洋子訳（ポプラ社　二〇一六）

いとおしきもの

物書きと老犬の小説を二冊、つづけて読んだ。ひとつは、ゲイのフリーライターのテッドとダックスフントのリリーの物語『おやすみ、リリー』。

原題は、『Lily and the Octopus』。直訳すると『リリーとタコ』なのに、この邦題はいかにも涙を誘いそうな予感がして、避けたかった。人生の大半を犬と暮らしてきたのでわかるのだ。犬に「おやすみ」と声をかけるのは毎晩のことだけれど、本のタイトルのような場所に置かれるその言葉はなんだか最期の、唯一永遠の「おやすみ」を連想させてしまう。こんな悲しそうな本、わざわざ読むものか、と一度は思ったのだ。けれど、タコって？　と興味を持って、うっかり開いた最初のページに目が釘付けになる。

「リリーは十二歳で、犬年齢に直すと八十四歳。ぼくは四十二歳だから、犬年齢だと二百九十四歳になる」。そのときわたしが一緒に暮らしていた犬は十二歳を迎えたばかりで、そう思ったらもうだめで、読み出してしまった。結果、読んでよかった。そこにあるのは、悲しみだけではなかった。

テッドは認めたくないし、言葉にするのもおぞましいため、それを「タコ」と呼ぶ。タコとはつまり、リリーの目の上にできた憎々しい悪性腫瘍である。滑稽なくらいに犬を溺愛し、犬の病の前ではあたふたと心を乱すテッドの心の動きは、犬と暮らしたことのある人ならきっと、わかると思う。この本のすごさは、病との戦いが冒険ファンタジーになり、ファンタジーでありながらリアルに迫ってくるところだ。

わたしはリリーを知らないのに、この犬の言葉もすばらしくリアルに感じる。幼少期のリリーが新しいものに出くわしたときに興奮して吠えた表現は、この作家と翻訳者の手にかかると、こんなふうになる。

「甲高いスタッカートで、ときめきを口にせずにはいられなかった。**ほら！　みて！　こんなに！　すごい！　もの！　はじめてよ！　びっくり！　いきてるって！　とっても！　すてき！**」

「ぼく」とリリーは毎週木曜の夜、どんな男性に惹かれるかを語り合う。金曜の夜はモノポリー。土曜の夜は映画を観て、日曜の夜はピザを食べる。気ままでお洒落な日常の一方で、通っているセラピストに苛立ちを覚えたり、ボーイフレンドに嫉妬の気持ちが沸き起こったり、とリリー以外の不安定な要素もとてもリアルで、そして憎めない。リリーはそんなテッドにいつも寄り添ってくれる存在だ。人間が落ちこんでいるとき、具合が悪いとき、それを感知して寄り添ってくれる動物は犬だけだと聞いたことがある。

人間の七倍のスピードで歳をとるという短い犬の一生を、何度か見送ってきて思うのはいつも、わたしたちは、確かに会話をし、かけがえのない時間を共有してきた、ということだ。犬のノンバーバルなコミュニケーションを、わたしたちはどれだけ正確に読み解けているだろう。犬は未来を憂いたり過去を懐かしんだりせず、単純にいまの瞬間を生きている。病気や死に対する心配もない。すべてを自然に委ねている。人間はそうはいかない。愚かにとり乱す。想像して、必要以上に恐れたり嘆き悲しんだりする。

かけがえのない生のひとときがあって、老いがあって、病があって、避けられない別れがあって、そしてまた、新しい出会いがある。『おやすみ、リリー』に出てくるそれらは、ごくあたりまえのことだけれど、それをわたしたちは何度でもトレースする。物語で、そして現実で。

リリーは実在した犬がモデルになっている。著者のスティーヴン・ローリーは物語のつづきさながらに、現実世界でも温かな眼差しのパートナーと、そして愛らしい犬と暮らしている。それをSNSで知って、すっかり幸せな気分になる。メッセージを入れたら心のこもった返事をくれた。やさしい人なのだ。この本は何カ国語にも翻訳されている。

＊

『おやすみ、リリー』スティーヴン・ローリー著　越前敏弥訳（ハーパーコリンズ・ジャパン 二〇一七）

物書きと老犬の話のもう一冊は、『THE FRIEND』（Sigrid Nunez 著）。大型犬のグレート・デンが出てくる小説だ。書店で「ただいま翻訳中」のチラシをもらったら待ちきれなくなって、Amazonで原書を買って読んだ。それは翌年、『友だち』というタイトルで邦訳が出版された。

グレート・デンは体高が八十から九十センチ近く、人が椅子にすわったときの目の高さと同じくらいの体高だ。吠える声もまさに咆哮。だけれど性格は穏和で「優しい巨人」と称されている。

恩師であり、長年の男友達であり、微妙な関係にあった作家の「あなた」が自殺してしまったことで、同じく作家である「わたし」は、彼の遺したこの美しい獣、グレート・デンのアポロをひきとり、ニューヨークの狭いアパートメントで一緒に暮らすことになる。「あなた」は三度結婚していて、「わたし」は三人目の妻からそれを頼まれ、引き受けたのだった。アポロはそもそも、拾われた犬だった。

「彼がどこから来たのか、わたしたちが知ることはまずないだろう。けれども、あなたはこんなふうに言ったものだった。あなたが顔を上げて、彼を見たとき、夏空を背景にした堂々たる姿を目にしたとき——その瞬間があまりにも胸をわくわくさせ、超自然的だったので、ほとんど魔法の力でそこに現れたと思いたくなるほどだったと。アンデルセンの童話に出てくるあの巨大な犬みたいに」

この小説は初老の女「わたし」の日記のようでもあって、そこに吐露された女たらしの「あなた」を巡る回想が、そして三人の妻や犬の描写が興味深い。

「わたし」は文学に造詣が深いので、さまざまな作家や作品を文中で取り上げ、その言葉を紹介している。それは、実在する文学作品へのたくさんのアクセスキーだ。このわたしは、それらをほとんど読んでいなかったが、それでも楽しめた。読んでいたらいっそう、贅沢な読書になっただろう。

アポロは「あなた」にもう二度と会えないことを理解していない。それが犬の哀しさだ。気の毒なアポロを救うためには「あなた」を忘れさせる必要がある。「わたし」は強くそう思い、犬に歩み寄り、思いやり、やがて犬も「わたし」との暮らしに慣れ、意思の疎通ができるようになっていく。
ある日、「わたし」は原稿を音読していたときに、アポロが静かに聞き入っていることに気がつく。アポロは本を読み聞かせてもらうのが好きな犬だったのだ。

「何ページか読むと、アポロはあの――ほかの犬の顔にはよく見られるが、彼には心配になるほどめったに見られない――口を半分あけた笑みを浮かべた。わたしがそのまま読みつづけると、彼は床に腹這いになって、わたしの両足に体をかぶせ、向こう脛にもたれかかってきた。前肢にゆったりと頭をのせて、わたしがページをめくるたびにちらりとわたしに目を向ける。わたしの声の抑揚に応じて、両耳が角度を変えた（中略）そうやっていると――両方の脚全体に穏やかに波打つ巨大な温かみを感じながら、詩情あふれる散文を口にしていると、わたし自身も安らかな気分になった」

物語の最終章の一つ手前の章で、読者は驚かされる。その章だけは異質で、まるで観ていた演劇が唐突に終わってあたりが急に明るくなり、気がつくと楽屋裏にいた、というような感じがして戸惑う。そしてこの物語の仕組み、作家の手のうちがここで明かされていることを知る。わたしたちはその章で、このリアルな日記のような物語が、女性作家の一つの作品であったことを知るのだ。

いずれにしても悲しい結末にはならないので、ほっとする。最終章で犬はもう「彼」という三人称ではなく「おまえ」という二人称になって語られる。原書の英語ではただの「you」。それまで男友達「あなた」を指していた「you」は、いつしかアポロを指す代名詞に替わっている。それは「わたし」の生活や心の領域を占める対象の変化、犬の存在の大きさを表していることにほかならない。

『友だち』シーグリッド・ヌーネス著　村松潔訳（新潮社 二〇二〇）

＊

数年前、パンデミックが始まった頃、仕事場を窓辺に移した。ノートパソコンを載せたらもういっぱいの、小さなガラスのテーブルに。作業スペースは小さいが、カーテンのない大きな窓の外にはケヤキの木がそびえ、その間から空や雲が、そして月が昇るのも見える。テーブルに鳥の影がよぎると、キーボードを打つ指をとめて、目だけ動かしてそっとモニターの向こうを見やる。からだを動かすと、近くまで来た鳥を驚かせてしまうからだ。いろいろな鳥が遊びに来る。

なかでもシジュウカラがよくご飯を食べに来る。ご飯というのは主にひまわりの種で、窓をはさんでわたしのつま先の三十センチほど向こうに、陶器の皿に入れて置いている。以前は山野草の寄せ植えをしていた小さな溶岩石に水を貯め、水飲み場もつくった。たくさん食べるが、長居はしない。一羽ずつさっと降りて来て、ついばんではさっと飛び去っていく。江戸っ子みたいだ。全部で四羽いて、ケヤキの枝やウロのところでこちらの様子を伺いながら、順番待ちをしているのがおもしろい。一番ひとなつこい鳥は、気をゆるして少しだけ長居する。植木鉢の端にとまり、足でひまわりの種を押さえてコツコツとつつき、くちばしの先を白くして夢中になって食べている。鳥には詳しくないし、どれも同じに見えていたのに、つきあいが長くなってくると、見分けられるようになってくる。鳥にも個性がある。

『ある小さなスズメの記録』は、古書店で見つけた。昔の本みたいにきちんと箱におさまって、近頃の本とは格が違うオーラのようなものを放っていた。本好きにとって、そばに置いておきたくなる本かどうかの決め手の一つとなる装幀は、とても重要だ。

この話は実話で、舞台は第二次世界大戦の頃のロンドン。おそらく障碍があったために巣から落とされた、生まれたばかりのスズメのヒナが、音楽家のキップス夫人に拾われて共に暮らし、看取られるまでの十二年余りの記録だ。

原書のタイトルは聖書から引用された「Sold for a Farthing」。Farthingとは、いまはないイギリスの小銭のことで、それはイギリスの聖書だったからだろう。イメージとしては「二羽まとめて一銭で売られるくらいの」という意味で、スズメの価値を表している。聖書では、蒔きもせず紡ぎもしない、とくに価値のないような小鳥にも、天の父は心をかけてくださっているよ、という話だったと思う。

キップス夫人はスズメにクラレンスと名付け、肩にとまらせて、ピアノを弾いて聞かせた。そのうちに、彼（雄らしい）は歌を歌うようになる。さえずりではなくて歌を、そしていくつかの楽しい芸も覚えて披露するようになる。それは爆撃機の襲来におびえる町の人々の心を、明るくしたのだった。

スズメが歌うだとか、まして芸をするだとかを、信じられないと思う人もいるだろう。夫人はクラレンスが老いて晩年にさしかかった頃になってようやく、記録を残しておこうと思い立ち、若き日のクラレンスを一枚も撮影しなかったことを後悔するが、しかたがない。いまのように撮影は簡単ではないし、なにしろ戦時中だったのだから。

「もう数年遅く生まれていたら、彼はテレビで一番の人気者になっただろう」と夫人は書いている。いまならYouTubeで動画配信をするに違いない。老いても愛らしいクラレンスの写真が何枚か掲載されているなかに、「日々の読書」と名付けられた神々しいような写真がある。夫人が開いた小さな本のページに、クラレンスが静かに見入っている写真だ。たまたまそこにあった小さな本の、適当に開いたページだったというから奇跡のようなのだが、そのくちばしの先が指し示していたのが、タイトルとなった聖書の言葉なのだった。それぞれに個性を持った被造物が、創造主にとってどれほどの価値を持っているか、とキップス夫人は書いている。この世に生を受けたら、価値のない生き物など、いないのだ。

クラレンスはちっぽけな価値しかないとされるスズメだったし、障碍があって普通に飛べなかったし、屋外で生きることは叶わなかったけれど、二羽まとめて一銭で売られるような、とるにたらない存在ではまったくなかった。

彼は夫人の留守中にひとりで歌の練習をしているらしかった。毎日くり返し、くり返し。

「それがある朝突然、バスルームで水道の蛇口から水を出しているとき、この耳でそれが——一風変わった可愛らしい歌が——はっきりと、鍵をかけた部屋からもれてくるのを聞いたのである。それはさえずりから始まり、小さなターンを経て、メロディを形づくろうと試み、高い音色（普通のスズメの声域より遥かに高く）を出し、そして――驚異中の驚異！――小さなトリルに至ったのだ。私は魔法にかかったようにドアのところで聞き惚れていた」

クラレンスは夫人がお茶の支度をするのを興味深く見守り、ティースプーンからミルクを飲み、そのあとで夫人をベッドへ先導することもあった。

「私がちゃんとついてきているかどうかを確かめては、もったいぶった足どりで跳ねつつ、チュンチュンとおしゃべりしながら、私を休息へと誘う様子は――まるでウォルト・ディズニーの映画のように――幻想的な眺めだった」

このような回想シーンがいくつも綴られる。クラレンスの心の動きを読み取ろうとする夫人のまなざしは終始、真剣でやさしかったに違いない。それは赤ちゃんの表情を見つめる母親の、生地の状態を見きわめようとするパン職人の、真剣で美しいまなざしだ。

飛べないヒナは自然の摂理によって巣から落とされたけれど、夫人との出会いによって個性を、他の鳥とは異なる能力を発揮し、輝かしい一生を生きた。それを不自然と言えるだろうか？　大いなるものの意思によって決められた、ひとつの自然の姿とは言えないだろうか。

『ある小さなスズメの記録』クレア・キップス著　梨木香歩訳（文藝春秋　二〇一〇）

あとがき

京都で創業したパン屋さんLe Petitmecのかつてのホットな文化発信基地、さまざまな人たちが集うオウンドメディアで月に一度、ブレッドジャーナリストとしてコラムの連載を持たせてもらうも、この店のパンの話は書いてはいけないというルールがあったため、それならいっそBreadからBをとって、readしたものについて書いてしまおう、となったのが、ブックレビュー『月の本棚　清水美穂子のBread-B』でした。

二〇一八年十月までのコラムは前著『月の本棚』（書肆梓 二〇一八）に収め、本書ではそのつづきに加筆、新たな書き下ろしを五十本ほど合わせて約五十八作品を紹介しました。そのほとんどは二〇一八年から二〇二二年に読んだ本です。

世はパンデミックで大きく変わり、わたしの暮らしもずいぶん変わりました。

月が見えない新月は、暗闇です。

先が見通せず、前に一歩も進めないとき、しばし立ち止まって本を開き、ほかの人生を生きてみました。そこでたくさん旅をしました。過去へも旅をして、小学校の図書室で本を読む自分にも出会いました。

新月には、晴れていれば星がよく見えますが、いまここで光っている星は過去の残響のようなもので、すでに消滅している星かもしれない。そのように果てしないことを考えていると身体の力が抜けて、なんだか静かな気持ちになってきます。そのような心地になる本を並べたのが、月の本棚です。

本棚は冷蔵庫に似ています。中身を見れば、その持ち主がどんな人か想像がつく。

読書はとても私的な行為だと思います。本を選ぶときの感覚や嗜好、読んで感応する事柄や脳内に映し出される風景は人それぞれです。同じところへ旅をしても、印象に残る風景が異なるように。

読んだ本について書いたことをこうして並べてみれば、自分というものがあからさまに見えてくるようで少し恥ずかしくもなりますが、それがこの時期のわたしです。

ここに、あなたの本棚にあるのと同じ本はあったでしょうか。同じ本を読んで異なることを考えていたでしょうか。これはおもしろそうだ、と思う本があったでしょうか。同じ本を別の時間、別の空間で読んでひとときを過ごしたあなたと、そこで見た風景について、いつかどこかで話をすることができたなら、なによりです。

最初に書く場所を提供してくださったLe Petitmecの西山逸成さん、終始並走してくださった編集の山内聖一郎さんと書肆梓の小山伸二さん、そしてデザイナーの福井邦人さんに、心より感謝します。どうもありがとうございました。

二〇二三年二月二十日　新月の晩に

清水美穂子

清水美穂子（しみず・みほこ）

文筆家。ブレッドジャーナリスト。

1965年東京生まれ。All About、Yahoo! ニュース、食の専門誌など各種メディアでパンとそのつくり手を取材・執筆。趣味は茶道と毎朝の公園でのごみ拾い。

著書に『月の本棚』（書肆梓）、『BAKERS おいしいパンの向こう側』（実業之日本社）、『日々のパン手帖　パンを愉しむ something good』（メディアファクトリー）他。

月の本棚　under the new moon

2023年4月20日　第1刷発行

著　　者　清水美穂子

発 行 人　小山伸二

発 行 所　書肆梓
〒186-0004 東京都国立市中3-6-21
http://shoshiazusa.official.ec/

編集・校正　山内聖一郎

装　　幀　福井邦人

印刷製本　藤原印刷株式会社
営業　藤原章次
印刷　本文：栗林勇士
カバー・表紙：小澤信貴

ISBN 978-4-910260-03-7 C0095